Lesefreunde 4

Ein Lesebuch für die Grundschule

Herausgegeben von
Irene Hoppe

Erarbeitet von
Marion Gutzmann
Irene Hoppe
Alexandra Ritter
Michael Ritter

und der Redaktion Primarstufe

VOLK UND WISSEN

Herausgegeben von
Irene Hoppe

Erarbeitet von
Marion Gutzmann, Irene Hoppe, Alexandra Ritter, Michael Ritter

Unter Einbeziehung der Ausgabe von
Kerstin Granz, Marion Gutzmann, Irene Hoppe

Unter Beratung von
Simone Adler (Pirna), Dagmar Diewald (Altenburg), Colette Hoffmann (Magdeburg), Katrin Junghänel (Zwickau), Heike Keitel (Wittenberg), Sigrun Nowak (Hohen-Neuendorf), Gerhild Schenk (Werneuchen)

Redaktion: Mirjam Löwen, Monika Gade
Bildredaktion (Fotos): Peter Hartmann
Illustrationen: Katharina Knebel, Christa Unzner (Magazin, Lesetraining),
Marion Goedelt (S. 34/35), Uta Bettzieche (Hund + Detektiv), Originalillustrationen
Umschlaggestaltung: tritopp, Berlin
Layout und technische Umsetzung: tritopp, Berlin

www.vwv.de

1. Auflage, 11. Druck 2024

Alle Drucke dieser Auflage sind inhaltlich unverändert und können im Unterricht nebeneinander verwendet werden.

Aus didaktischen Gründen wurden die Texte gekürzt/vereinfacht.

Druck: Mohn Media Mohndruck, Gütersloh

ISBN 978-3-06-081150-2

PEFC-zertifiziert
Dieses Produkt stammt aus nachhaltig bewirtschafteten Wäldern und kontrollierten Quellen
www.pefc.de

Inhalt

In der Schule

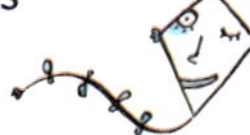

Im Herbst

Meine Wünsche und Träume

Miteinander leben

Im Winter

Von Tieren und Menschen

Kreuz und quer durch unser Land

Mit Medien leben

Für Krimiliebhaber und Gruselfans

Im Sommer

Lesetraining
Magazin (Leseübung)
Freundeseite

In der Schule

Lernen ist
wie auf Entdeckungsreise
sein.

Irmela Wendt

So kannst du gezielt zusammengehörende Informationen im Text finden

→ Schritt 1: herausfinden, wonach gefragt wird

Lies die Aufgabe zum Text genau.

- Wonach wird gefragt?

Achte dabei besonders auf Fragewörter:
Wer …? Welche …? Wie …? Notiere, **wo …?**
Suche heraus, **wann …?**

→ Schritt 2: passende Informationen sammeln

Überfliege den Text.
Suche dabei nach Informationen, die zur Aufgabenstellung passen.
Notiere Zeilennummer und Information.
Prüfe: Passen die Informationen wirklich zur Aufgabenstellung?

Welche Personen sorgen dafür, dass die Tagebuchschreiberin zur Piratin ausgebildet wird?

Vater – Text 1, Zeile 3
Portobello Jack – Text 2, Zeilen 10 + 11
Bully Boy Mc Coy – Text 2, Zeile 4
~~Calico Jack~~

→ Schritt 3: Informationen verknüpfen

Finde heraus, ob du die gesammelten Informationen noch miteinander verknüpfen musst, um die Aufgabe vollständig lösen zu können.

2
Klar!
Der neue Mitschüler heißt Fabian Schilling.

Käpt'n Abduls Piratenschule

Liebes Tagebuch,

nun hier bin ich also. Mein erster verflixter Tag an Käpt'n Abduls Piratenschule. Mein verflixter Vater hat mich hierhergeschickt, weil er sagt, dass ich ein Waschlappen bin. (Weil ich gerne Gedichte schreibe und Bilder male!) Er sagt, die werden mich schon zurechtbiegen. Er sagt, jedes Kind müsste verrückt danach sein, Pirat zu werden. Er sagt, als er ein Kind war, hätte er alles getan, um Pirat werden zu können, also muss ich es auch wollen. Er sagt, ich sollte dankbar sein.

Nun, ich sage: „Quatsch!", und ich sage „Pferdemist!", und ich sage: „Hoffentlich verschluckt er seine Pfeife!"

PS: Geheimnis!

Ich habe meinen kleinen Hund, Stups, in meiner Seemannskiste. Er ist der einzige Freund, den ich auf dieser ganzen verflixten Welt habe!

Liebes Tagebuch,

morgens aufgewacht und raus aus dem Bett. Habe vergessen, dass ich in der Hängematte lag – habe ein bisschen Kopfweh. Beim Zähneputzen kam Bully-Boy McCoy rangestampft. „Warum machst du das?" – „Wenn ich das nicht mache, Sir, werden meine Zähne schwarz und dann fallen sie raus." – „Und was soll daran verkehrt sein?", fragte er. „Schon mal was von einem Piraten mit schönen Zähnen gehört?" Und dann hat er meine Zahnbürste beschlagnahmt.

Heute haben wir Piraten-Geschichte gehabt. Portobello Jack hat uns eine aufregende Geschichte über Calico Jack erzählt. Sie spielt in seiner Lieblingsgegend – in der Karibik.

Colin McNaughton

Welche Personen sorgen dafür, dass die Tagebuchschreiberin zur Piratin ausgebildet wird? In welchen Zeilen findest du sie?

Ferienhitlisten

Mein lustigster Ferienausflug:
Zu Kristof und Adelheid. Die beiden haben einen Hund namens Cora. Cora ist eine Hündin und ist ganz schön groß.
Ist Cora einmal sauer, tritt sie dir in die Waden.
Luise

Meine liebste Ferienkumpeline war Silke. Wir sind ganz oft baden gegangen.
Der heißeste Ferientag war 34°C warm.

Mein tollstes Ferienabenteuer entführte mich ins Technik-Museum nach Berlin. Wir durften alles anfassen und ausprobieren. Dort waren auch steinalte Lokomotiven und Waggons. Anschließend waren wir noch im Flugzeug-Museum. Toll, nicht?

Sommerferienhits

Mein schönster Ferientag:
27.8. - Achterbahnfahren im
Fantasialand

Meine Ferienlieblingsspeise:
Nudeln mit Tomatensoße

Meine größte Ferienliebe:
Meine zwei Wellensittiche

Alex

Charly

Wo ich in den
Ferien war:
Österreich

WANDER-
KARTE

Das Ferienerlebnis-Spiel

Alle Kinder setzen sich in den Stuhlkreis. Ein Mädchen oder ein Junge beginnt und berichtet von einem besonderen Ferienerlebnis, z. B. so: „Ich bin der Einzige, der in den Ferien bei seiner Oma in der Türkei auf dem Rummel war.“ Sollte sich herausstellen, dass dies auch ein anderer erlebt hat, muss der erste Schüler von einem neuen einmaligen Erlebnis berichten. Wenn er wirklich der Einzige war, ist das nächste Kind mit seinem Erlebnis an der Reihe.

- Lies die Spielanleitung.
  Erkläre einem Partnerkind den Spielablauf mit eigenen Worten.
  Probiert das Spiel mit der Klasse aus.

Lernen ist wie ...

lernen ist wie atmen
ich merke es manchmal gar nicht
wie Pfannkuchen essen
es geht mir warm ein
wie Karussellfahren
mir wird ganz dösig davon
wie an der Leine gehen
wenn mir alles genau vorgemacht wird
wie auf Entdeckungsreise sein
wenn ich selbst was erlerne
wie eine heimliche Glühbirne
wenn mir ein Licht aufgeht
wie eingesperrt sein
wenn ich lieber Fußball spielen würde

Fußballspielen lässt sich auch lernen
lernen ist auf jeden Fall mehr
als ich dachte

lernen verbessert das Leben
sagt mein Vater
es steht im Lexikon
ich weiß nicht
soll ich das glauben
die vielen Lehrer
die vielen Schüler
warum stinken die Autos noch
aber vielleicht hören sie
auch mal auf damit

lernen ist auch Angst haben
dass ich irgendwas nicht schaffe
aber wenn ich es schaffe
dann ist lernen
freuen

Irmela Wendt

- Wie ist Lernen für dich? Finde einen passenden Vergleich im Gedicht.
- Denke dir selbst einen Vergleich aus. Tausche dich mit anderen aus.

eigene Gedanken zu Texten entwickeln, zu Texten Stellung nehmen und mit anderen über Texte sprechen

Eine Kiste voll Hoffnung

In vielen Gegenden unserer Erde fehlt es an Schulgebäuden oder an genügend Arbeitsmaterial für alle Kinder. Manchmal haben schwere Naturkatastrophen wie Erdbeben oder Überschwemmungen Schulen zerstört. In einigen Ländern dagegen herrschen Krieg und Gewalt und es gibt deshalb keine Schulen mehr. Die Kinder haben so keine Möglichkeit zu lernen.

Für diese Kinder hat das Kinderhilfswerk UNICEF die „Schule in der Kiste" gepackt. Mit dem Inhalt dieser großen Metallkiste kann überall dort, wo der Unterricht stattfinden soll, ein „mobiler Klassenraum" eingerichtet werden. Das kann z.B. in einem Zelt oder unter einem Baum sein.

Jede Kiste kostet 150 Euro. Sie enthält Materialien für 80 Grundschulkinder. Es gibt Schiefertafeln, Kreide, Schulhefte, Radiergummis, Spitzer, Bleistifte, Schultaschen, Lineale und Scheren für jedes Kind. Zusätzlich findet man noch eine aufblasbare Weltkugel, ein Radio mit Kurbelbetrieb und eine Uhr. Auch Tafelfarbe und Pinsel sind dabei. So können die Lehrer aus dem Deckel der Kiste eine Tafel herstellen.

- Warum trägt der Text diese Überschrift?
- Gestaltet ein Info-Plakat über diese UNICEF-Aktion für euer Schulhaus. Sucht auf der Kinderseite **www.younicef.de** noch weitere Informationen über das Projekt.

zentrale Aussage eines Textes erfassen und wiedergeben
Texte mit eigenen Worten wiedergeben

Schulnachrichten aus aller Welt

Schulbesuch in Uniform

In Großbritannien tragen die Kinder vom ersten Schultag an eine Schuluniform, auf die das Schulabzeichen genäht ist. Jede Schule hat ihre eigene Kleidervorschrift. Auch hat jede Schule eigene Schulfarben. Diese Schulfarben findet man auf der Krawatte, die Jungen wie Mädchen tragen.

Weiter Schulweg

Kinder in Südafrika, die auf dem Land wohnen, haben oft einen ganz weiten Weg bis zur nächsten Schule. Sibusio muss z.B. über eine Stunde laufen, bis er in seiner Schule ist. Auf der Hälfte des Weges trifft er zum Glück seine Freunde. Sie haben sich viel zu erzählen und so vergeht die Zeit schneller.

Gymnastik vor dem Unterricht

In China fahren die meisten Kinder mit ihrem Fahrrad zur Schule. Das hat sogar ein eigenes Nummernschild. Vor dem Unterricht steht dann in vielen chinesischen Schulen erst einmal Gymnastik auf dem Stundenplan. In manchen Schulen werden sogar in den Pausen über Lautsprecher Übungen für die Augen durchgesagt.

Lernen fürs Leben

In Peru in Südamerika leben in den Anden, einem hohen Gebirge, hauptsächlich Ackerbauern mit ihren Familien. Neben dem „normalen“ Unterricht, der im Schulgebäude stattfindet, haben die Kinder auch häufig Unterricht im Freien. Dort kann der Lehrer den Kindern praktische Tipps geben, z.B. erklärt er ihnen, wie man sät und erntet und wie man Schafe, Kühe und Hühner aufzieht.

Bitte Hausschuhe anziehen!

In Japan würde man niemals mit Straßenschuhen eine Wohnung betreten. Das Gleiche gilt auch für Schulen. Im Eingangsbereich der japanischen Schulen befindet sich deshalb ein „getabako“, ein Schuhschrank. Dort stehen Hausschuhe für die Kinder bereit, die sie anziehen, bevor sie in ihre Klassenräume gehen.

Geld verdienen vor der Schule

Auf den Philippinen müssen viele Kinder morgens schon ganz früh aufstehen, um etwas für ihre arme Familie dazuzuverdienen. Danach gehen sie in die Schule und lernen rechnen, lesen und schreiben. Nach der Schule müssen sie dann wieder arbeiten. Kommen sie abends spät nach Hause, kann es schon passieren, dass sie vor Erschöpfung über ihren Hausaufgaben einschlafen.

- Wo müssen die Kinder für den Besuch der Schule etwas Besonderes anziehen? Notiere die Länder.
- Tragt diese Texte wie Nachrichtensprecher vor.

gezielt einzelne Informationen suchen
selbst gewählte Texte zum Vorlesen vorbereiten und sinngestaltend vorlesen

AH S. 4

Neue Schulregeln?

Kommt der Lehrer durch das Fenster,
glaubst du wieder an Gespenster.

Spielt die Maus Akkordeon,
fährt der Schulbus dir davon.

Küsst ein Frosch die Lehrerin,
brauchst du nicht zur Schule hin.

Fällst du morgens aus dem Bett,
wird …

Gerda Anger-Schmidt

Knobelei

Um zur Schule zu kommen, muss Lina eine 1000 Meter lange Allee entlang laufen, vorbei an einer Eisdiele und an einem Kino.
Mit dem Tacho am Fahrrad hat sie irgendwann ausgemessen, dass die Eisdiele 530 Meter von der Schule entfernt ist und dass es von zu Hause 750 Meter bis zum Kino sind.
Wie weit sind Kino und Eisdiele voneinander entfernt?

Christa Erichson

Wer begegnet sich alles auf dem Schulflur?

HAUS	MA	SCHUL	KRE	TER	RIN
TIK	KLÄSS	MEIS	ERST	MA	TÄ
LEH	RER	SE	LER	THE	

Moino liobon losondon Kindor!

Hiormit muss ich loidor schlioßon.
Moino nougokaufto Schroibmaschino ist loidor dofokt. Ich wordo boi dom Horstollorbotriob roklamioron,
donn das gowünschto kloino O sioht immor wio oin kloinos O aus.
Bitto ontschuldigt don Fohlor.
Mit froundlichon Grüßon
Ouor orgobonor
Schroiborling
R. G.

Reinhard Gundelach

Was sagte die Null zur Acht?

Einen schönen Gürtel hast du.

Lach mal über Schule

Die Lehrerin spricht zu ihren Schülern: „Vieles, was unangenehm ist, fängt mit un- an, z.B. Unfall, Ungeheuer, Unwetter. Kennt ihr noch mehr Beispiele?“ Sabine meldet sich und sagt eifrig: „Unterricht.“

Im Sachunterricht arbeiten die Kinder zum Thema Wasser. Die Lehrerin erklärt: „Nichts ist flüssiger als Wasser.“ „Doch, die Hausaufgaben“, meint Paul. „Warum?“, fragt die Lehrerin. Darauf Paul: „Sie sind überflüssig.“

Kleiner Unsinn

Wernichtrichtiglesenkann
fangnochmalvonvornean
dennichschreibehierdieworte
andersalsmaneuchgelehrt
zwarnichtunbedingtverkehrt
sonderneinfachaneinander
dassmansienichtgleicherkennt
auchwennihrdasunsinnnennt
docheinkleinerunsinnmacht
dassmangerndarüberlacht

Gottfried Herold

Konzentrations-Tipp für müde Momente

Wenn du merkst, dass es d
im Unterricht imm
schwerer fällt, konzentrie
zuzuhören, dann ma
doch folgende Übu
Massiere deine Ohren v
oberen Rand langsam na
unten hin. Ziehe z
Schluss leicht an dein
Ohrläppchen. Wiederho
dies von oben nach unt
zehnm

Lösungen S.196

Herrn Bremser geht ein Licht auf

Berlin. Ende der 1920er-Jahre. Antons Mutter ist krank, und Anton versucht, nachts auf der Weidendammbrücke in Berlin heimlich durch das Verkaufen von Schnürsenkeln und Streichhölzern etwas Geld für seine Mutter und sich zu verdienen. Natürlich hat sein Klassenlehrer wenig Verständnis für den immer müden Anton. Da macht sich Antons Freundin Pünktchen auf den Weg zu Antons Lehrer, um einiges zu klären.

DAS WUSSTE ICH NICHT!
SIE KANN AUCH NICHT KOCHEN, ABER IRGENDJEMAND MUSS DOCH KOCHEN! UND WISSEN SIE, WER KOCHT? ANTON KOCHT!
SALZKARTOFFELN MIT SPIEGELEI UND SOLCHE SACHEN, EINFACH GROSSARTIG!
DAS WUSSTE ICH NICHT!
SIE KANN AUCH KEIN GELD VERDIENEN!
ABER IRGENDJEMAND MUSS DOCH GELD VERDIENEN!
UND WISSEN SIE, WER DAS GELD VERDIENT?
ANTON VERDIENT DAS GELD!
DAS WISSEN SIE NICHT, NATÜRLICH! WAS WISSEN SIE ÜBERHAUPT?
HAHAHA

W-WIE VERDIENT ER DENN DAS GELD?
DAS VERRATE ICH NICHT!

ICH KANN IHNEN NUR SO VIEL SAGEN, DASS SICH DER ARME JUNGE TAG UND NACHT ABRACKERT!
ES WUNDERT MICH, DASS ER NICHT WÄHREND DES GANZEN UNTERRICHTS SCHLÄFT!

UND DA WOLLEN SIE SEINER MUTTER EINEN BRIEF SCHREIBEN, DASS ER FAUL WÄRE!
DIE ARME FRAU WIRD JA GLEICH WIEDER KRANK VOR SCHRECK!

SCHIMPF NUR NICHT SO SEHR!
WARUM HAT ER MIR DENN DAS NICHT ERZÄHLT?
DAS HABE ICH IHN AUCH GEFRAGT!
UND WISSEN SIE, WAS ER MIR GESAGT HAT?

Erich Kästner/Isabel Kreitz

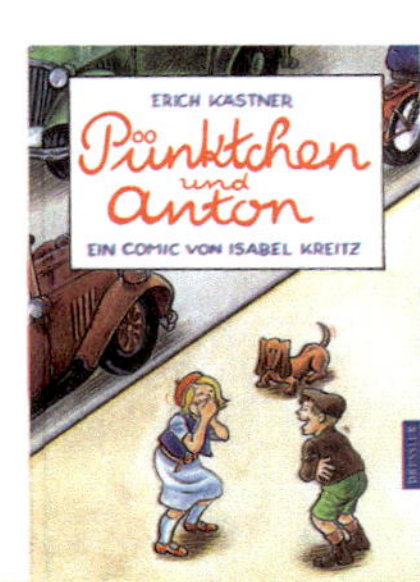

Wie denkt und fühlt Herr Bremser am Anfang des Comics, wie am Ende des Comics?

Wanda und der Neue

Nee, ne! Wanda kann es nicht fassen. Ausgerechnet ihr neuer Mitschüler, der Hitzefreiverhinderer, zieht nebenan ein, mitsamt seiner Familie, die ganz bestimmt genauso grässlich ist. Schlimm genug, dass Wanda ihn seit vier Wochen täglich in der Schule ertragen muss. Aber dass er ihr jetzt auch noch zu Hause auf die Nerven geht, ist wirklich die Höhe!

Montagnachmittag

So ein Mist! Dabei habe ich so gut aufgepasst. Ich will zu Katti gehen und habe wirklich genau geprüft, ob die Luft rein ist. Trotzdem hält, gerade als ich durch das Gartentürchen gehe, ein dunkelblauer Passat neben mir. Und wer steigt aus? Fabian und seine Mutter. „Hallo Wanda!“, sagt Fabian. „Wir sind jetzt Nachbarn.“

„Wer hätte das gedacht?“, brummelte ich finster und will mich gerade verdrücken, als Mama mit ihrem Fahrrad um die Ecke biegt.

„Hallo“, strahlt sie. „Sie müssen unsere neuen Nachbarn sein. Mein Name ist Ilse Lichtenberg und das ist meine Tochter Wanda.“

„Waltraud Schilling“, sagt Frau Schilling und schüttelt Mama die Hand. „Und du bist also Wanda!“, sagt sie und lächelt zuckersüß zu mir runter. „Du müsstest ungefähr in Fabians Alter sein.“

„Klar ist sie das. Sie geht ja in meine Klasse“, sagt Fabian und strahlt, als hätte er Amerika noch vor Kolumbus entdeckt.

Natürlich tut sich keine Erdspalte auf, um mich zu verschlucken, sondern Mama sagt genau das, was ich befürchte:

„Das ist aber nett. Wanda hat sich schon immer ein paar Kinder in der Nachbarschaft gewünscht. Und jetzt ist es sogar ein Klassenkamerad …“ „Klassenkamerad!“ Wenn ich das schon höre. Ein blöderes Wort gibt es auf der ganzen Welt nicht.

Wandas Schimpfwörter-Liste für Fabian:

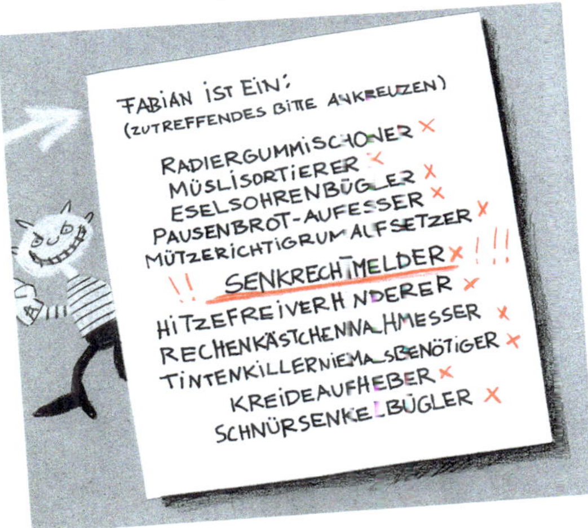

Dagmar Geisler

- Wie heißt Wandas neuer Mitschüler mit Vor- und Familiennamen?
- Was erlebt Wanda am Montagnachmittag? Erzähle.

Die verflixte Rechenaufgabe

Otto Waalkes, Komiker, genannt Otto, der durch viele Tourneen, Fernsehsendungen, Filme, Bücher, Schallplatten bekannt wurde.

Wir befinden uns im Wohnzimmer der Familie Redlich. Vater Redlich sitzt gemütlich in seinem Fernsehsessel und buchstabiert im milden Schein der Leselampe seine geliebte „Bild"-Zeitung. Mutter Redlich poliert ihren geliebten Gummibaum. Beider Sohn sitzt über seinen Schulbüchern und macht seine Hausaufgaben. Er versucht es zumindest …

Sohn Papa!

Vater (abwesend) Ja?

Sohn Ich hab hier 'ne Rechenaufgabe.

Vater Meinetwegen. Aber komm nicht so spät nach Hause!

Sohn Ich hab hier 'ne Rechenaufgabe, die krieg ich nicht raus!

Vater (bei der Sache): Was? Die kriegst du nicht raus? Zeig mal her.

Sohn Hier 28 durch 7.

Vater 28 durch 7? Und das kriegst du nicht raus? Elke!! Dein Sohn kriegt 28 durch 7 nicht raus!

Mutter Dann hilf ihm doch!

Sohn Was heißt denn 28 durch 7, Papa? Wofür brauch ich das denn?

Vater Wofür? Wofür? Alle naselang brauchst du das! Stell dir vor, du hast 28 Äpfel, ihr seid sieben Buben und wollt die Äpfel untereinander aufteilen!

Sohn Wir sind aber nur vier! Der Fips, der Kurt, sein Bruder und ich.

Vater Dann nehmt ihr halt noch den Erwin, den Gerd und den Henner dazu, dann seid ihr …

Sohn Der Henner ist blöd. Der kriegt keinen Apfel.

Vater Na, dann musst du halt sehen, wen du sonst noch auf der Straße triffst.

Mutter Jedenfalls geht der Junge nicht auf die Straße!

Vater Gut! Er bleibt hier! Wir haben also keine sieben Buben, sondern nur 28 Äpfel und die teilen wir jetzt durch sieben Birnen, das macht ...

Mutter Aber Hermann! Das geht doch gar nicht!

Vater Jaja, 's war falsch ... Nun macht doch nicht alles so kompliziert! Ihr seid also keine sieben Birnen … äh … Buben … ihr seid sieben … sieben … na! Sieben Zwerge! Jawohl, ihr seid sieben Zwerge.

Sohn Und?

Vater Und die haben zusammen eine 28-Zimmer-Wohnung!

Mutter Ach Gott, Hermann, es gibt doch in der ganzen Stadt keine 28-Zimmer-Wohnung!

Vater Natürlich nicht! Es gibt ja auch in der ganzen Stadt keine sieben Zwerge, verdammt noch mal! Wenn ich deine unqualifizierten Bemerkungen schon höre!

Mutter Unqualifiziert! Aha! Und was machen deine sieben Zwerge in ihrer 28-Zimmer-Wohnung?

Vater Wohnen! Was denn sonst? 28 Zimmer durch sieben Zwerge!

Mutter Soso! Die geh'n da durch. Hintereinander – wie?

Sohn Und was macht das Schneewittchen, Papa?

Vater Die? Sie soll bleiben, wo sie ist, die dumme Nuss!

Mutter Aber Hermann!

Vater Ist recht! Ist recht! 28 durch 7! Das muss man teilen. Verstehst du? Wie einen Kuchen! Du hast eine Torte und die teilst du in der Mitte durch. Und dann ist sie geteilt, klar?

Sohn Ja. Und dann?

Vater Und bei deiner Aufgabe musst du eben 28 Torten durch 7 teilen, jawohl! 28 Torten. (laut) Elke! Ich bin's leid. Kauf jetzt 28 Torten!

Mutter Für wen denn?

Vater Für uns sieben!

Mutter Wir sind aber doch nur drei!

Vater Dann werden eben noch vier dazugeladen! Die Gierigs. Die alte Raffke! Und der gefräßige Herr Mertens! Kauf die Torten!

Mutter 28 Torten?! Aber das ist ja viel zu teuer, Hermann!

Vater Für die Bildung von meinem Sohn ist mir nichts zu teuer! Was der Staat mit seiner verhunzten Bildungspolitik nicht schafft, das muss die Familie eben ausgleichen! Jetzt kaufst du die 28 Torten!

Sohn Aber das ist doch Wahnsinn! Da muss ja jeder von uns vier Torten essen!

Vater Das werden wir ja sehen, ob wir das schaffen! Wenn ich schon dran denke an das süße Zeug.

Mutter Ja, dann könnten wir doch …

Vater Nein! Die Aufgabe wird jetzt gelöst! Kauf die Torten!

Mutter (im Rausgehen) … 28 Torten! Vier Torten für jeden! Das schaffen wir doch nie …
(Vorhang)

Otto Waalkes

Suche dir Partnerkinder. Überlegt gemeinsam, wie Vater, Mutter und Sohn sprechen sollten. Übt den Text vorzutragen.

Sieben Tipps für Hausaufgaben-Profis

- Führe ein Hausaufgabenheft und trage immer alle Aufgaben ein.
  Hausaufgaben, die du fertig gestellt hast, kannst du abhaken oder durchstreichen.

- Lies die Aufgabenstellung mehrmals durch.
  Prüfe, ob du sie wirklich vollständig verstanden hast, indem du sie in eigenen Worten ausdrückst.

- Nimm dir zuerst die leichteren Aufgaben vor und dann die schweren.

- Wenn du dir etwas schwer merken kannst, versuche, Eselsbrücken zu bilden oder Merksätze auszudenken.

- Nutze Nachschlagewerke, wenn du dir bei der Bedeutung eines Wortes unsicher bist.

- Auch im Internet kannst du dir wichtige Informationen beschaffen. Nutze für deine Suche Kinder-Suchmaschinen, wie z.B. **www.blinde-kuh.de.**

- Gib nicht zu schnell auf, wenn dir eine Aufgabe besonders schwierig erscheint. Du wirst dich riesig über deinen Erfolg freuen, wenn du sie selbstständig gelöst hast.

■ Wähle drei Tipps aus, die du dir besonders zu Herzen nehmen möchtest.
Schreibe sie in der Ich-Form auf Kärtchen. Bastle einen Aufsteller für deine Tipps.

■ Denke dir selbst einen guten Hausaufgaben-Tipp aus.
Notiere ihn und schenke ihn einem Freund oder einer Freundin.

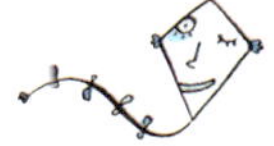

Im Herbst

Es ist nun der Herbst gekommen

Es ist nun der Herbst gekommen
hat das schöne Sommerkleid
von den Feldern weggenommen
und die Blätter ausgestreut.
Vor dem bösen Winterwinde
deckt er warm und sachte zu
mit dem bunten Laub die Gründe,
die schon müde gehn zur Ruh.

Joseph von Eichendorff

So kannst du einen Text zum Vorlesen vorbereiten, das Vorlesen einüben und danach einschätzen

→ **Schritt 1: einen Text zum Vorlesen vorbereiten**

Lege eine Folie über den Text oder kopiere ihn.
Lies den Text mehrmals leise und halblaut.
Überlege, wie du ihn vorlesen möchtest
(z.B. fröhlich oder traurig, leise oder …?).
Kennzeichne Textstellen,

- die du besonders sprechen willst (z.B. ängstlich oder nachdenklich, witzig oder …?);
- wo du kürzere oder längere Pausen machen willst;
- wo du deine Zuhörer während des Vorlesens anschauen willst.

on die Wälder, |
pelfelder |
ɔst beginnt. ||
fallen, |

→ **Schritt 2: den Text vorlesen üben**

Lies den Text mehrfach laut, bis du ihn flüssig lesen kannst.
Achte auf das, was du gekennzeichnet hast.

→ **Schritt 3: den Text vorlesen und den Vortrag einschätzen**

Lies den Text einem Partnerkind vor.
Schätze danach selbst deinen Vortrag ein.
Bitte dann dein Partnerkind um eine Einschätzung.

Nutzt solch eine Liste.

	Selbsteinschätzung	Partnereinschätzung
flüssiger und sicherer Vortrag	☆☆☆☆☆	☆☆☆☆☆
treffende Betonung	☆☆☆☆☆	☆☆☆☆☆
passende Pausen	☆☆☆☆☆	☆☆☆☆☆
Blickkontakt	☆☆☆☆☆	☆☆☆☆☆

Herbstwind und Sonne

Herbst war's. Mal schien die Sonne, mal regnete es, mal blies ein kalter Wind. Gegen dies wechselhafte Wetter hat sich ein Wanderer dick vermummt. „Der hat sich gut vorgesehen“, sagte der Wind, „aber er hat nicht an mich gedacht! Wenn ich kräftig puste, hält kein Knopf, ja der ganze Mantel fliegt davon.“

„Gut, wetten wir“, sagte die Sonne. „Wer's von uns zweien zuerst schafft, dass der Wandersmann ohne Mantel geht, soll Sieger sein. Beginne du.“

Der Wind bläht sich wie ein Ballon, schiebt Wolken vor die Sonne, pfeift, faucht und stürmt. Er packt den Mantel an Falten und Kragen, doch der Mann wickelt sich nur umso fester in ihn ein.

Ziegel krachen von den Dächern, Boote kentern, Bäume stürzen – der Mantel hält.

Jetzt zerteilt die Sonne das schwarze Wolkenmeer, sie strahlt und wärmt. Dem Wanderer in seinem schweren Mantel wird's zu heiß; er zieht ihn aus, noch ehe die Sonne ihre ganze Kraft entfaltet hat.

So bewirkt Milde oft mehr als rohe Gewalt.

nach Jean de La Fontaine

- Lege eine Folie über die Fabel und lies sie mehrmals. Kennzeichne Stellen,
  - die du besonders sprechen möchtest,
  - wo du kürzere oder längere Pausen machen möchtest,
  - wo du deine Zuhörer anschauen möchtest.

- Vergleiche deine Kennzeichnungen mit denen eines Partnerkindes.

Herbst

Der Oktobersonnenball
zaubert Blau
in Goldenbraun.

Der Hügelrücken
leuchtet
im Oktoberlicht.

Still wird es
und kühl.

Lasst uns
gehen.

Benedicta Busley

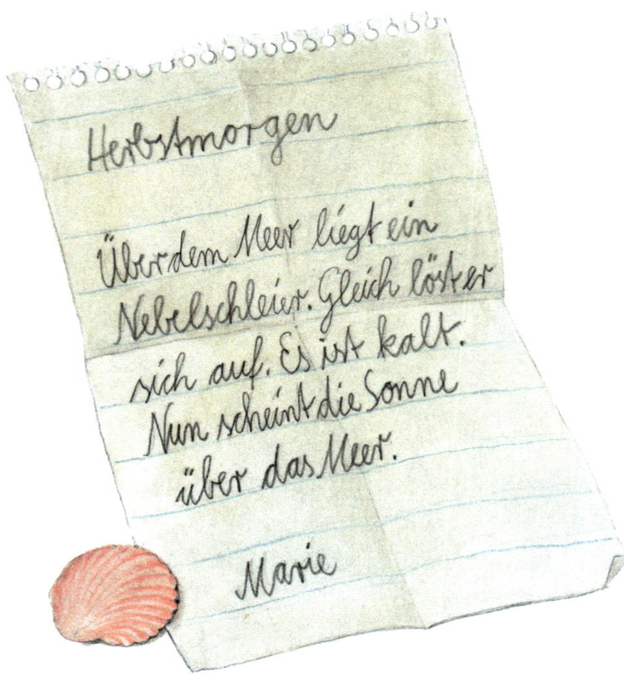

Herbstmorgen

Über dem Meer liegt ein
Nebelschleier. Gleich löst er
sich auf. Es ist kalt.
Nun scheint die Sonne
über das Meer.

Marie

Herbstmorgen am Meer

Der Nebelschleier
löst sich auf.
Es blitzt und
funkelt.
Die Sonne
lässt
ihren Schimmer
über das Meer gleiten.

Marie

Sammle auf einem Herbstspaziergang schöne Herbstsätze.
Prüfe und überarbeite sie dann so, wie es Marie gemacht hat.
Schreibe die Sätze wie ein Gedicht auf.

Knospen

Der Himmel war blau, gelbe Baumblätter fielen.
Es wehte kein Wind, doch die Baumblätter fielen.
Was löste sie, was stieß sie zur Erde?
Schon ragte ein kahler Zweig in den Himmel.
Ich zog ihn herab und sah ihn mir an und sah,
dass jedes verwehte Blatt eine Knospe am Zweig hinterließ,
ein Blatt-Ei für den künftigen Frühling.

Erwin Strittmatter

Es knospt

Es knospt
unter den Blättern
das nennen sie Herbst.

Hilde Domin

Herbst

Wenn die Blätter gefallen sind
Und es draußen neblig und grau ist
Grabe ich Löcher in die Erde
Für kleine und große Zwiebeln:
Bräunliche, rötliche und violette.

Wenn ich die Zwiebeln andrücke
Und die Löcher mit der Erde schließe
Sehe ich vor mir:
Das Gelb der Narzissen
Das Weiß der Schneeglöckchen
Das Blau-Violett der Krokusse
Das Rosa und Blau der Hyazinthen
Das Rot der Tulpen.

Wenn ich an den Pflanzstellen vorbeigehe
Rieche und spüre ich die Luft des Frühlings
Höre die Rufe und Lieder der Vögel
Und freue mich darüber. Denn von nun an
Wird es lange still sein.

Matthias Duderstadt

- Welche Gemeinsamkeiten und Unterschiede haben diese Texte? Tausche dich mit anderen darüber in der Lesekonferenz aus.
- Wähle deinen Lieblingstext aus. Bereite ihn zum Vorlesen vor. Nutze die Schritte auf Seite 26.

Ge(h)dichte im Wald

Gefunden

Ich ging im Walde
so für mich hin,
und nichts zu suchen,
das war mein Sinn.

Im Schatten sah ich
ein Blümchen stehn,
wie Sterne leuchtend,
wie Äuglein schön.

Ich wollt es brechen,
da sagt es fein:
„Soll ich zum Welken
gebrochen sein?“

Ich grub’s mit allen
den Würzlein aus,
zum Garten trug ich’s
am hübschen Haus.

Und pflanzt es wieder
am stillen Ort;
nun zweigt es immer
und blüht so fort.

Johann Wolfgang Goethe

Suche einen Laubbaum mit
einer besonders riesigen Krone.
Gehe den Umriss der Baumkrone auf dem darunterliegenden Erdboden ab.
Was vermutest du,
wie viele Schritte du benötigst?
Wie viele sind es tatsächlich?

Betrachte den Waldboden.
Vielleicht findest du auch etwas.
Schreibe zu deinem Fund.

Die Bäume

Wir sitzen nicht auf Thronen.
Uns schmeichelt nur der Wind.
Wir haben dennoch Kronen,
die schöner als eure sind.

Erich Kästner

Die zwei Wurzeln

Zwei Tannenwurzeln groß und alt
Unterhalten sich im Wald.

Was droben in den Wipfeln rauscht,
Das wird hier unten ausgetauscht.

Ein altes Eichhorn sitzt dabei
Und strickt wohl Strümpfe für die zwei.

Die eine sagt: knig. Die andere sagt: knag.
Das ist genug für einen Tag.

Christian Morgenstern

Werde ganz still und schließe die Augen. Was oder wen hörst du im weiten Wald? Notiere es.

Waldeinsamkeit

Waldeinsamkeit,
Die mich erfreut,
So morgen wie heut
In ew'ger Zeit,
Oh, wie mich freut
Waldeinsamkeit.

Ludwig Tieck

Suche dir eine stille Stelle und versuche die Waldeinsamkeit zu erspüren.
Sammle mit Augen, Ohren und Nase Andenkenwörter, die dich später an den Waldspaziergang erinnern. Schreibe sie auf.
Sie helfen dir, selbst ein Waldgedicht zu schreiben.

Wähle eines der vier Gedichte aus.
Bereite es zum Vorlesen auf einem Waldspaziergang mit deiner Klasse vor.
Nutze die Schritte auf Seite 26.

- selbst gewählte Texte zum Vorlesen vorbereiten und sinngestaltend vorlesen
- handelnd mit Texten umgehen

Taschenlampenspuk für schaurige Novemberabende

Du brauchst: eine Taschenlampe, Papier, Schere, Klebeband

- Zuerst schneidest du aus Papier einen Kreis aus, der genauso groß ist wie die Taschenlampe.
- Dann schneidest du mit einer scharfen Schere z.B. eine schaurige Gespensterfratze in das Papier.
- Klebe die Papierscheibe mit durchsichtigem Klebestreifen auf die Taschenlampe.

Wenn du die Lampe nun anknipst, erscheint deine gruselige Gespensterfratze überall dort, wo du hinleuchtest.

Aufgabe für Pilz-Experten

Im Satz sind sechs falsche Buchstaben versteckt.
Zusammengesetzt ergeben diese falschen Buchstaben ein Lösungswort.

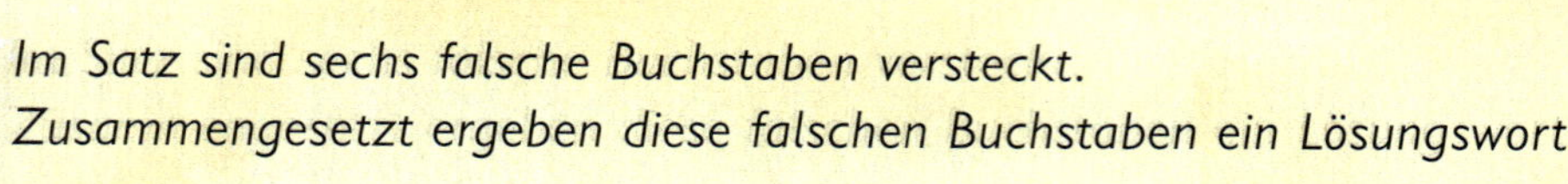
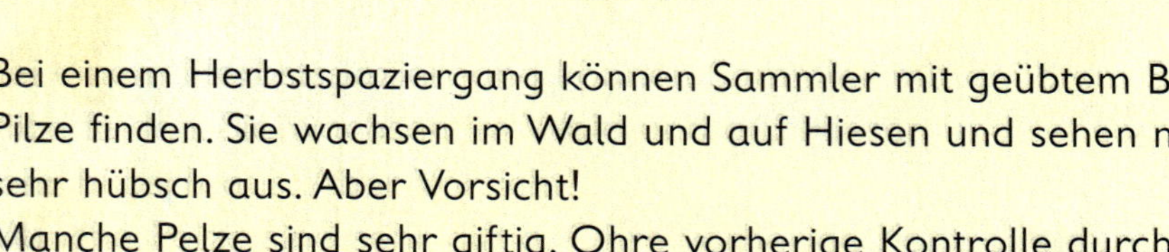
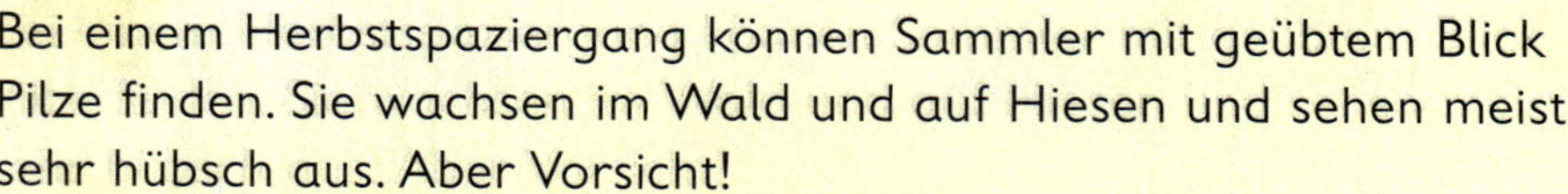

Bei einem Herbstspaziergang können Sammler mit geübtem Blick Pilze finden. Sie wachsen im Wald und auf Hiesen und sehen meist sehr hübsch aus. Aber Vorsicht!
Manche Pelze sind sehr giftig. Ohre vorherige Kontrolle durch einen Pilz-Experten bollten sie nicht gesocht und getessen werden.

Scherzfrage für Herbst-Wanderer

Nach welchen Bergen sehnen sich die Wanderer?

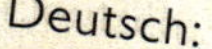

Türkischer Schnellsprechspruch

Kartal kalkar dal sarkar,
dal sarkar kartal kalkar.

Deutsch:
Wenn der Adler wegfliegt, bewegt sich der Ast,
der Ast bewegt sich, wenn der Adler wegfliegt.

Lösungen S. 196

Herbstentdeckungen

Das Rpflph
Hoch oben im Geäst klettert das hübsche Rpflph. Doch auch auf der Erde kann man es beobachten, z.B. wie es nach Nahrung sucht. Jetzt im Herbst gibt es eine seiner Lieblingsspeisen: Nüsse. Diese knackt das meist rotbraune Rpflph in nur kurzer Zeit und verzehrt sie genüsslich. Manche versteckt es aber auch als Wintervorrat.

Die Schoröh
Bei einem abendlichen Spaziergang am Waldrand sind manchmal laute, seltsame Geräusche zu hören. Das sind die Schoröh, die im Herbst ihre Brunftzeit haben und dabei röhrende, für uns unheimliche Geräusche abgeben.

Die Laxix
Die Laxix zeigt sich im Herbst als ungewöhnlicher Nadelbaum. Tatsächlich färbt die Laxix als einziger Nadelbaum ihre Nadeln gelb und verliert sie schließlich, so wie ein Laubbaum seine Blätter.

Die Halala
Die Halala sind die wunderschönen, glänzend roten Früchte der Wildrose im Herbst. Man kann aus ihnen sogar Marmelade kochen oder sie getrocknet zur Herstellung eines gesunden Tees verwenden. Auch den Vögeln und dem Wild dienen die Halala im Herbst als Nahrung.

Wie heißen die Wörter?

Hallov … nparty
R … ationstag
Zugvö … l

… edankfest

… atterfall

… kelheit

Lenk … n
Späther …
Unwett …

Schwäne in Russland

In Russland ist es, wenn wir uns in Deutschland noch an warmen Herbsttagen erfreuen, schon viel kälter. Je nördlicher oder östlicher ein Gebiet liegt, umso früher sinken die Temperaturen. Oft fällt dann bereits Schnee. Seen und Flüsse frieren zu. So finden viele Wasservögel, wie z.B. die Schwäne, nicht mehr genügend Futter. Sie machen sich auf den Weg in wärmere Länder. Viele finden schon bei uns genügend Nahrung und bleiben als Gäste den Winter über in Deutschland. Leo Tolstoi (1828–1910), ein berühmter russischer Dichter, hat darüber die folgende Geschichte geschrieben.

Die Schwäne

Eine Schar von Schwänen flog aus den kalten Gegenden in die warmen Länder. Die Schwäne zogen übers Meer. Tag und Nacht und einen weiteren Tag und noch eine Nacht flogen sie, ohne sich auszuruhen. Am Himmel stand der Vollmond, und die Schwäne sahen tief unter sich das dunkle Wasser. Alle Schwäne waren müde vom Flügelschlagen, flogen aber immer weiter. An der Spitze zogen alte, starke Schwäne, ihnen folgten die jüngeren und schwächeren.

Ein junger Schwan flog als letzter. Seine Kräfte ließen nach. Er schlug mit den Flügeln und konnte nicht mehr weiter. Da hielt er die Flügel ruhig und ließ sich niedergleiten.
Er näherte sich immer mehr dem Wasser, während seine Kameraden oben am Himmel im Mondenschein davonzogen.

Der Schwan ließ sich auf das Wasser nieder und legte seine Flügel zusammen. Das unruhige Meer wiegte ihn hin und her. Die anderen Schwäne waren nur noch als silberner Streifen am Horizont zu sehen. Ganz leise sangen in der Stille ihre Flügel.

Als sie völlig den Blicken entschwunden waren, legte der erschöpfte Schwan seinen Hals auf den Rücken und schloss die Augen. Er bewegte sich nicht. Nur das Meer hob und senkte sich in breiten Wellen und wiegte ihn auf und nieder. Vor dem Morgengrauen kräuselte ein leichter Wind das Meer. Das Wasser spritzte gegen die weiße Schwanenbrust.

Der Schwan schlug die Augen auf. Im Osten rötete sich der Morgenhimmel. Mond und Sterne verblassten. Der Schwan seufzte, reckte den schlanken Hals, schlug mit den Flügeln, erhob sich und flog davon. Er stieg immer höher und höher, und das Wasser lag bald tief unter ihm. Er flog dorthin, wo die warmen Länder liegen, über verborgene, geheimnisvolle Gewässer, dorthin, wohin seine Kameraden geflogen waren.

Leo Tolstoi

- Notiere zu jedem Abschnitt deine Gedanken in Gedankenblasen. Ordne sie zu.
- Kann es den Menschen auch manchmal so gehen wie den Schwänen? Tauscht euch in der Klasse aus.
- Übt das Vorlesen einzelner Textabschnitte in der Gruppe. Nutzt die Tipps auf Seite 26.

Bunte Blätterwelt

Es ist Herbst geworden. Die Blätter der Laubbäume färben sich bunt. Die Buchen, die bis vor Kurzem noch mattes, grünes Laub hatten, leuchten in den Farben Orange-kupferrot und Braun.
Die Blätter der Kirschbäume und der Ebereschen werden brennend rot; die der Kastanien, der Trauerweiden und der Birken gelb. Besonders schön und bunt, nämlich rot, gelb und rot-gelb werden die Blätter der Ahornbäume.

Was ist geschehen?
Die Bäume bereiten sich jetzt im Herbst auf die Winterruhe vor. Bevor sie ihre Blätter abwerfen, werden alle in den Blättern vorhandenen Nährstoffe umgewandelt und in den Baum zurückgezogen. Das Blattgrün wird abgebaut. Durch den Abbau des Blattgrüns werden andere Farben sichtbar: Rot und Gelb. Im späteren Herbst fallen die Blätter ab.

Sie verrotten und werden in wenigen Jahren im Boden zu Humus umgewandelt.

nach Irmgard Lucht

- Sammelt bunt gefärbte Blätter verschiedener Laubbäume.
  Ordnet die Blätter eines Baumes zu einem Quadrat oder Kreis oder …
  Ladet andere Klassen in eure Blätterausstellung ein.

Meine Wünsche und Träume

Sitze am Fenster,
Stirn an der Scheibe,
sehe zum Himmel,
bin Wolke,
treibe.

Werner Lindemann

So kannst du mit anderen Gedanken über einen Text austauschen

→ Schritt 1: eigene Gedanken zum Text notieren

Notiere deine Gedanken zu einer Textstelle oder zum gesamten Text.
Du kannst z.B. aufschreiben,

- wie du die handelnden Figuren findest,
- welche Textstelle dich sehr berührt hat und warum,
- welche Informationen für dich besonders interessant waren,
- wie du den Schluss des Textes findest,
- …

→ Schritt 2: einen Text bewerten

Schätze ein, wie du den Text findest.
Du kannst bewerten,

- wie leicht oder schwer dir das Lesen gefallen ist (Verständlichkeit),
- ob du den Text gern bis zum Ende gelesen hast (Leseinteresse),
- ob du für dich wichtige Informationen gefunden hast (Informationswert).

Du kannst solch eine Liste nutzen oder deine Bewertung aufschreiben.

Leseinteresse	☆☆☆☆☆
Verständlichkeit	☆☆☆☆☆
Informationswert	☆☆☆☆☆

→ Schritt 3: sich mit anderen über den Text austauschen

Tausche dich mit anderen aus.
Nutze deine Notizen und deine Bewertung.
Sprecht über Gemeinsamkeiten und Unterschiede in euren Meinungen.

○ eigene Gedanken zu Texten entwickeln, zu Texten Stellung nehmen und mit anderen über Texte sprechen

Der Träumer

Es war einmal ein Mann, der war ein Träumer. Er dachte sich zum Beispiel: Es muss doch möglich sein, zehntausend Kilometer weit zu sehen. Oder er dachte sich: Es muss doch möglich sein, Suppe mit der Gabel zu essen. Er dachte: Es muss doch möglich sein, auf dem eigenen Kopf zu stehen, und er dachte sich: Es muss doch möglich sein, ohne Angst zu leben.

Die Leute sagten zu ihm: „Das alles geht doch nicht, du bist ein Träumer!“ Und sie sagten: „Du musst die Augen aufmachen und die Wirklichkeit akzeptieren!“ Und sie sagten: „Es gibt eben Naturgesetze, die lassen sich nicht ändern!“

Aber der Mann sagte: „Ich weiß nicht … Es muss doch möglich sein, unter Wasser zu atmen. Und es muss doch möglich sein, allen zu essen zu geben. Es muss doch möglich sein, dass alle das lernen, was sie wissen wollen. Es muss doch möglich sein, in seinen eigenen Magen zu gucken.“

Und die Leute sagten: „Reiß dich zusammen, Mensch, das wird es nie geben. Du kannst nicht einfach sagen: Ich will!, und deswegen muss es geschehen. Die Welt ist, wie sie ist, und damit basta!“

Als das Fernsehen erfunden wurde und die Röntgenstrahlen, da konnte der Mann zehntausend Kilometer weit sehen und auch in seinen eigenen Magen. Aber niemand sagte zu ihm: „Na gut, du hast ja doch nicht ganz Unrecht gehabt.“ Auch nicht, als das Gerätetauchen erfunden wurde, sodass man problemlos unter Wasser atmen konnte. Aber der Mann dachte sich: Na also. Vielleicht wird es sogar einmal möglich sein, ohne Kriege auszukommen.

Martin Auer

- Was denkst du über den Träumer? Notiere deine Gedanken.
- Tauscht euch in einer Lesekonferenz darüber aus.

○ eigene Gedanken zu Texten entwickeln, zu Texten Stellung nehmen und mit anderen über Texte sprechen

AH S.8

Über Träume

Träume sind wichtig. In den Träumen werden die guten und schlechten Ereignisse des Tages verarbeitet. Im Schlaf kann der Körper so neue Kraft für den nächsten Tag sammeln. Auch wenn man sich nicht immer an seine Träume erinnern kann, erlebt der Mensch in jeder Nacht ungefähr fünf bis sieben Traumzeiten.

Kinder und Erwachsene träumen unterschiedlich. Kinder träumen mehr von Tieren und haben häufiger Albträume. Jungen träumen anders als Mädchen. Mädchen träumen beispielsweise häufiger von vertrauten Personen, Jungen mehr von Fremden. Bei den Erwachsenen gibt es weniger Unterschiede zwischen den Traumthemen von Männern und Frauen.

Es gibt verschiedene Arten von Träumen. Wunschträume zeigen auf, was man tief herbeisehnt oder wie man sich eine schöne Zukunft vorstellt. In den Angstträumen erlebt man unangenehme, bedrohliche oder ausweglose Situationen. Manche Kinder erwachen schreiend oder schweißgebadet von diesen Träumen. Auch Fieberträume werden so erlebt. Abenteuerträume sind sehr anschaulich und wundersam. Oft werden darin Reisen unternommen, in Raketen und Heißluftballons, auf Piratenschiffen und Drachen oder einfach mit Flügeln zum Fliegen. In manchen Träumen schlüpft man in eine andere Rolle, z.B. in die eines Tieres.

- Formuliere für jeden Abschnitt eine Überschrift. Schreibe sie auf Papierstreifen.
- Welche Information war für dich besonders interessant? Gib die Zeilen an.
- Wie verständlich ist der Text? Wie gut bist du jetzt informiert? Bewerte den Text mit 1–5 Sternen.

zentrale Aussagen eines Textes erfassen und wiedergeben
eigene Gedanken zu Texten entwickeln, zu Texten Stellung nehmen

Traumgedichte

Der Mann im Mond

Der Mann im Mond hängt bunte Träume,
Die seine Mondfrau spinnt aus Licht,
Allnächtlich in die Abendbäume,
Mit einem Lächeln im Gesicht.

Da gibt es gelbe, rote, grüne
Und Träume ganz in Himmelblau.
Mit Gold durchwirkte, zarte, kühne,
Für Bub und Mädel, Mann und Frau.

Auch Träume, die auf Reisen führen
In Fernen abenteuerlich.
– Da hängen sie an Silberschnüren!
Und einer davon ist für dich.

Mascha Kaléko

Vollmond

Der Mond heut Nacht ist hell und groß.
Er treibt durchs Dunkel wie ein Floß.
So lautlos schwimmt er durch die Nacht,
die Wolken wiegen ihn ganz sacht.
Er gibt Signal mit seinem Schein
und sagt im Traum zu mir: Steig ein!

Georg Bydlinski

So ein Tag

Heute träume ich mir –
ich träume, was ich mag.
Heut träume ich mir einen schönen Tag.
Schau auf, sieh,
welch ein Gewimmel!
Briefe flattern vom Himmel:
Briefe für mich, dich, alle Leut.
In jedem steht was,
was den, der's liest, freut.
So ein Tag, so ein Tag, so ein Tag ist heut.

Josef Guggenmos

- Welches Gedicht interessiert dich besonders? Begründe.
- Was möchtest du mit dem Gedicht am liebsten tun?
  Du kannst es illustrieren oder als Rap vortragen oder …
  Stelle einem Partnerkind deine Idee vor.

Träume – von einer besseren Zukunft

Der Tag eines afrikanischen Kindes in Guinea-Bissau beginnt schon ganz zeitig um fünf Uhr morgens. Dann muss es aufstehen und in die Schule gehen. Wenn sich die Eltern einen Schulbesuch nicht leisten können, helfen die Jungen ihren Vätern auf dem Feld und lernen, wie man Getreide, Erdnüsse und Mais anbaut. Die Mütter zeigen den Mädchen, wie sie den Haushalt führen, Wäsche waschen und Wasser holen. Viele Kinder leben in ganz einfachen Bambushütten, ohne Strom und fließendes Wasser. Weil sie so arm sind, essen sie meist nur Gerichte aus Reis, Hirse oder Mais. Fisch oder Hühnchen gibt es nur zu besonderen Anlässen.

Beatrix Schnippenkoetter

7 Fragen an Paulino (11 Jahre) aus Contuboel in Guinea-Bissau

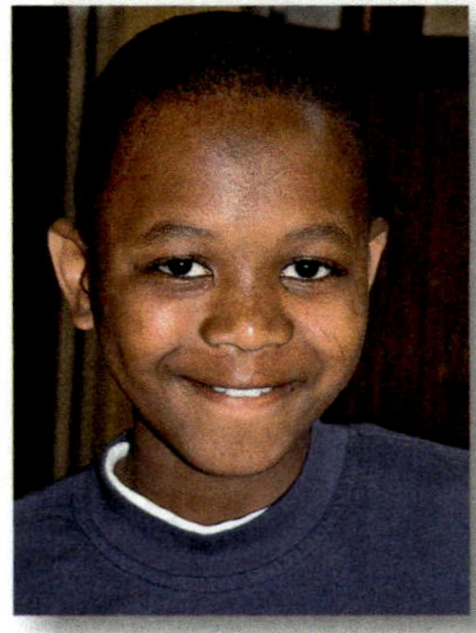

Was machst du am liebsten?
Herumlaufen und Fangen spielen.
Wovon hast du zuletzt geträumt?
Vom Fußballspielen mit Freunden.
Was magst du nicht?
Fußball auf Grasland spielen.
Was würdest du gerne an der Welt ändern?
Menschen sollten überall in richtigen Häusern mit elektrischem Licht leben können.
Wenn du ein Tier sein könntest, welches wäre das?
Ich wäre gern ein Huhn. Hühner sind essbar und ernähren die Menschen.
Wenn du genug Geld hättest, was würdest du dir als Erstes kaufen?
Kleider und Schuhe.
Was würdest du gern im Handumdrehen lernen?
Autofahren.

Beatrix Schnippenkoetter

- Warum trägt der Text diese Überschrift?
- Wähle eine Frage und Antwort aus. Schreibe deine Meinung dazu auf. Tauscht euch über eure Meinungen aus.

Ich träume …

Mein Traum
Ich träume fast jede Nacht, dass ich später National-spieler werde und bei Bayern, Real Zaragossa, Real Madrid, Parma oder Manchester United spiele.
Alex

Mein Traum
Ich träume immer davon, dass ich später Lehrerin oder Schrift-stellerin werde und dass ich dann eigene Bücher schrei-ben kann.
Magdalena

Manchmal träume ich von der Zeit, als mein Papa noch keinen Autounfall hatte. Weil ich manchmal gerne mit Papa Fußball spielen möchte, aber das geht ja leider nicht. Das macht mir aber nichts aus, denn Papa kann auch im Rollstuhl viele andere Sachen machen, wie zum Beispiel Basketball und Federball spielen.
Luise

■ Was meinst du zu diesen Wünschen und Träumen?
Schreibe deine eigenen Wünsche und Träume auf.

- eigene Gedanken zu Texten entwickeln, zu Texten Stellung nehmen und mit anderen über Texte sprechen

Nur ein Bandwurmwort hat sieben ...?

Wunschvogelfedersammlungsdosendeckel

Wunschringfingernagelscherenschleifer

Wunschmärchenerzählerhutfederwolke

Wunschbaumblütenstempelblätterfarbendruck

Wunschtraumzauberbaumkronenumfang

Das ganze Abc in einem Satz? Welcher Buchstabe fehlt?

Lydia und Felix träumen von abenteuerlichen Ferienwochen und freuen sich quietschvergnügt und jauchzend auf eine einwöchige Klettertour.

2 Wunschmärchen mit 3 Fehlern

Im Märchen von Schneewittchen hat die böse Stiefschwester nur einen Wunsch, die Schönste im ganzen Land zu sein. Deshalb soll das schöne Schneewittchen sterben. Doch das Gute siegt und Schneewittchen wird gerettet und heiratet den Königssohn.

Im Märchen vom Dornröschen spricht die beleidigte elfte Fee einen bösen Wunsch aus. Dornröschen soll sich in ihrem 15. Lebensjahr an einer Spindel stechen und tot umfallen. Weil eine gute Fee noch einen Wunsch übrig hat, soll Dornröschen nicht sterben, sondern nur in einen tausendjährigen Schlaf fallen.

Sprichwortpuzzle

Lösungen S. 196

Indianer-Geheimtipp gegen schlechte Träume: der Traumfänger

Die Ojibwa-Indianer, die in Kanada leben, hängen über ihre Schlafplätze einen „dream-catcher“ (deutsch: Traumfänger). Dieser soll nur gute Träume zu den Schlafenden durch sein Netz lassen. Die bösen Träume bleiben darin hängen. Für einen Traumfänger braucht man nur einen biegsamen Zweig, Bast, Fäden, Lederbänder, Federn und Perlen.

Welcher Bastelschritt gehört zu welchem Bild?

R: den Ring mit einem Fadennetz bespannen, eventuell auch Perlen aufziehen

T: den Zweig zu einem Ring biegen und mit Bast umwickeln

M: einen Gute-Nacht-Spruch schreiben und an den fertigen Traumfänger hängen

U: einen Anhänger aus Bast am oberen Rand befestigen

Mama, schlaf gut in deinem Bett. Dann bist du morgen besonders nett.

5.

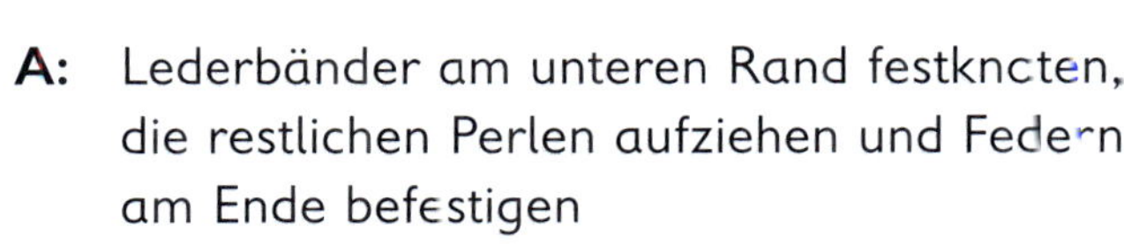

A: Lederbänder am unteren Rand festknoten, die restlichen Perlen aufziehen und Federn am Ende befestigen

Der satanarchäolügenialkohöllische Wunschpunsch

Der Zauberer Irrwitzer und die Hexe Tyrannja haben einen bösen Plan. Punkt 12 Uhr in der Silvesternacht wollen sie mit ihrem Wunschpunsch die Erde und die Menschen darauf vernichten.
Während die beiden darauf warten, dass endlich der Wunschpunsch fertig wird, müssen sie viele Wunschgedichte vortragen.
Aber die Sprüche bewirken nur das Böse, wenn sie genau das Gegenteil wünschen. Deshalb sagen Zauberer und Hexe nur gute Wünsche. Aber die beiden wollen natürlich, dass die böse Umkehrung eintrifft …

Zauberer und Hexe suchten unter dem herumliegenden Geschirr zwei Trinkgläser, die noch ganz waren, fanden auch einen Schöpflöffel, zogen Stühle heran und setzten sich zu beiden Seiten des Punschbehälters.
Sie füllten ihre Gläser mit dem opalisierenden* Gebräu und tranken sie auf einen Zug aus, ohne abzusetzen. Als sie fertig waren, schnappten sie beide nach Luft, denn der Punsch war tatsächlich alkohöllisch stark.
Aus Irrwitzers Ohren stiegen Rauchkringel und Tyrannjas spärliche Haarsträhnen rollten sich zu Korkenziehern zusammen.
„Aaah!“, machte er und wischte sich den Mund ab. „Das tut gut.“
„Jaa“, sagte sie, „das belebt ordentlich.“

Und dann begannen sie ihre Wünsche vom Stapel zu lassen. Natürlich musste das in Reimen geschehen, damit es wirksam war.

„Punsch aller Pünsche, erfüll meine Wünsche:
Die Elbe, die Weser, die Donau, der Rhein
und alle Gewässer
soll’n sauber und fischreich wie früher sein,
oder noch besser.“

Und gleich danach rief Tyrannja:

„Punsch aller Pünsche, erfüll meine Wünsche:
Wer Brunnen vergiftet, um Dreck zu verkaufen
zum eigenen Nutz,
soll nie wieder Wein und Champagner saufen,
nur den eignen Schmutz.“

* glänzend

Von Neuem schöpften sich beide ein Glas voll und schütteten es sich eilig in den Hals.
Diesmal war die Tante zuerst dran:

„Punsch aller Pünsche, erfüll meine Wünsche:
Wer mit Robbenfellen und Elfenbein
und dem Fleisch von den letzten Walen
Geschäfte macht, geht jämmerlich ein,
denn niemand mehr soll dafür zahlen.“

Und der Neffe fiel augenblicklich ein:

„Punsch aller Pünsche, erfüll meine Wünsche:
Keine einzige Tierart, ob nützlich, ob nicht,
soll mehr ausgerottet werden.
Sie soll'n leben, wie's ihrer Natur entspricht
im Meer, in der Luft und auf Erden.“

Während sie so drauflossoffen und Verse schmiedeten, fiel es ihnen immer schwerer, das Kichern zu unterdrücken. Sie malten sich in Gedanken aus, was ihre scheinbar so edlen Wünsche tatsächlich für Unheil in der Welt anrichteten. Jedenfalls glaubten sie ja, das zu tun.

Michael Ende

- Tausche dich mit einem Partnerkind über einen der vier Wünsche aus.
  Schreibt auf, was Zauberer und Hexe eigentlich wünschen.
- Bewerte den Text. Nutze Tipp 2 auf Seite 38.

Der süße Brei

Es war einmal ein Mädchen, das lebte mit seiner Mutter allein und in Armut, denn die Mutter hatte keinen Mann. Und als sie einmal nichts mehr zu essen hatten, ging das Mädchen in den Wald.

„Vielleicht werde ich Pilze finden“, sagte es, „oder Beeren, oder ich treffe die Zauberwaldfee, und sie schenkt mir einen Topf, der immer kocht und kocht, und die Speise geht nie zu Ende.“

Im Wald aber waren keine Pilze, nur etliche giftige. Es wuchsen dort auch keine Beeren. Doch das Mädchen traf die Waldzauberfee, und die gab ihm einen Topf. Sie sagte: „Wenn du sagst: ‚Töpfchen geh!‘, dann fängt der Topf an, einen süßen Brei zu kochen, so viel du willst, ohne dass du etwas hineintust, und es hört erst auf, wenn du sagst: ‚Töpfchen steh!‘ Aber vergiss es nicht: ‚Töpfchen steh!‘“ Das Mädchen freute sich, denn süßer Brei war zufällig auch seine Leibspeise. Es brachte den Topf nach Haus, und auch die Mutter freute sich, denn süßer Brei macht schön satt. Und von da an hatten sie wenigstens süßen Brei zu essen.

Als sie nun immer satt waren, fielen ihnen bald andere Wünsche ein. Die Mutter wünschte sich einen Mann zum Gemahl. Werden erst mal zweie satt, auch ein Dritter noch was hat, sagt ein Sprichwort, und so nahm die Mutter sich einen Gemahl.

Das Töpfchen kochte und kochte, so viel sie nur wollten. Und die drei wurden gut satt, sodass das Mädchen jetzt auch einen Mann zum Gemahl wollte und sagte: „Werden erst mal dreie satt, auch ein Vierter noch was hat.“ Da sie keine Not litten und keine Sorgen mehr hatten, war die Mutter nicht dagegen, und die Tochter heiratete einen schönen dicken Jungen. Sie hatten alle vier genug zu essen und ließen den Topf kochen, so lange es ihnen gefiel. Sagten sie: ‚Töpfchen steh!‘, hörte es auf. Bald sagte der Mann der Mutter: „Schade ist es um den schönen vielen Brei, den wir kochen könnten, wenn wir wollten, den wir aber nicht essen können, weil wir schon satt sind. Wir sollten ihn verkaufen.“

Und das taten sie. Weil der Brei süß war und gut schmeckte – er brauchte auch nicht nachgezuckert zu werden, ja, es erwies sich sogar, dass er jedem genauso schmeckte, wie er ihn am liebsten mochte –, weil der Brei also so gut war, verkauften sie viel davon.

Das Töpfchen aber kochte und kochte. „Der Topf ist ja eine Goldgrube“, sagte der schöne dicke Junge, den die Tochter geheiratet hatte. „Wir werden eine Breikonservenfabrik aufmachen und die Konserven in Paketen überall hinschicken. Da werden wir reich.“

Und das taten sie auch. Sie ließen den Topf Tag und Nacht kochen und verkauften den Brei in die Stadt, auf das Land und ins Ausland.

Und sie wurden immer reicher. Sie bauten eine Fabrik, bauten sich eine

Villa mit allen Schikanen: Zentralheizung, Klinkerziegeln, Fensterbänken aus Marmor. Sie kauften sich afghanische Teppiche und für jeden einen Schaukelstuhl, kauften französische Betten und polierte Möbelstücke, kauften raffinierte Kleider nach der neuesten Mode, weiche Polstersessel, kurz, fast alles, was ihnen einfiel. Als das Haus zu klein dafür wurde, bauten sie noch eines daneben. Bald wollte die Mutter einen Nutria-Pelzmantel. Dafür wollte die Tochter einen Breitschwanz und einen Nerz, und so ging das immer weiter. Sie hielten sich teure Pudelhunde, die von einem Hundefriseur gepudert und frisiert und obendrein parfümiert wurden wie Tänzerinnen. Und jeder von den vieren bekam ein eigenes Auto. Als sie alles hatten, was es gab, die Männer in Kamelhaarmänteln herumliefen und die Frauen sich ondulieren und pediküren ließen, fiel ihnen kein Wunsch mehr ein. Da fingen sie an, Golf und Bridge zu spielen, um die Zeit totzuschlagen. Sie liefen auch in die Operette und ins Kabarett, den Topf ließen sie kochen und kochen. Der Brei wurde von zwei Männern in Dosen gepackt, von drei Männern in Pakete verschnürt und in Lastwagen verladen. Indes wurden die vier immer reicher. Bald kauften sie sich ein Haus an der Riviera und eines in Alicante. Aber auch eines in Kitzbühel, 2000 Meter über dem Meeresspiegel, und zwei Grundstücke in Kanada und ein Apartment in Rom. Das Töpfchen kochte und kochte, sie hatten das Zauberwort längst vergessen. Das wäre auch nicht schlimm gewesen – aber eines Tages waren fast alle Leute auf der Welt satt von dem Brei. Und da geschah es, als die vier an einem Nachmittag im Wohnzimmer saßen, Cocktail tranken und Nüsse knabberten, dass durch die Wohnzimmertür der Brei hereinkam. Zuerst spürte das Mädchen etwas Warmes im Rücken. Als es sich umdrehte, war es schon zu spät.

Der Brei hatte die Tür verstopft, und nun kam er auch schon durch die Fenster herein. „Das ist doch nicht schlimm“, sagte das Mädchen, „wir sagen einfach das Zauberwort, dann hört er auf zu kochen.“ – „Na, los!“, rief der Mann, „sag es schon, es ist dein Topf. Und beeile dich, der Brei läuft mir schon in die Schuhe.“ – „Töpflein, Töpflein, dreh dich nicht um …“, sagte das Mädchen. Aber das stimmte nicht.

„Töpflein, Töpflein an der Wand …“ Nein, stimmte auch nicht. Und weil das Zauberwort so einfach war, fiel es ihnen nicht mehr ein, dem Mädchen nicht, der Mutter nicht, den andern nicht, und das Töpflein kochte und kochte …

Janosch

Wie findest du die Wünsche der Figuren in diesem modernen Märchen? Tausche deine Meinung dazu mit anderen Kindern aus.

- eigene Gedanken zu Texten entwickeln, zu Texten Stellung nehmen und mit anderen über Texte sprechen

AH S.11

Gute Wünsche für viele Gelegenheiten

Verlange nicht, dass die Dinge gehen,
wie du es wünschst,
sondern wünsche sie so,
wie sie gehen,
und du wirst dich wohl befinden.

Epiktet

Alles Übel wünsch ich dir
fern vom Leibe – glaube mir.
Alles Unglück treffe dich
niemals – und vergiss mich nicht!

Ich wünsche dir aus Herzensgrund
liebe …, bleib gesund.

Volksgut

Lebe glücklich, lebe froh
wie der König Salomo,
der auf seinem Throne saß
und verfaulte Äpfel aß.

So viel Stern am Himmel stehn,
so viel Wolken drübergehn,
so viel Fisch im Wasser schwimmen,
so viel Reh im Walde springen,
so viel Schwalben ziehn nach Süden,
so viel Glück sei dir beschieden.

Welche Sprüche findest du besonders lustig?
Welche Sprüche regen dich besonders zum Nachdenken an?
Du kannst die Sprüche verschenken, vortragen oder vorsingen oder in ein Freundschaftsbuch oder Poesiealbum schreiben.

Texte begründet auswählen
handelnd mit Texten umgehen

Miteinander leben

Das Fremde bleibt so lange fremd
bis es begrüßt berührt bekennt:
Ich hab dich gern, du hast mich gern
wir leben auf dem gleichen Stern

Erwin Grosche

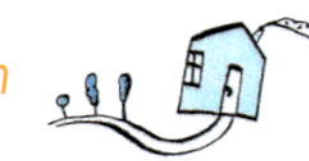

So kannst du ein Buch mithilfe einer Leserolle vorstellen

→ Schritt 1: Leserolle außen gestalten

Besorge dir eine .
Gestalte die Rolle außen passend zum Buch.
Beschrifte sie mit dem Titel, dem Autor und dem Verlag.

→ Schritt 2: Pflichtaufgaben bearbeiten

Bearbeite folgende Aufgabenstellungen.
Nutze dazu DIN-A4-Blätter:

- Wähle eine passende Leseprobe aus. Schreibe sie ab oder kopiere sie und übe sie vorzutragen.
- Fertige Steckbriefe der wichtigsten Figuren an.
- Sammle oder zeichne wichtige Gegenstände, die im Buch vorkommen.
- Schreibe eine Buchbewertung.

Leseinteresse	☆☆☆☆☆
Verständlichkeit	☆☆☆☆☆
Informationswert	☆☆☆☆☆

→ Schritt 3: Wahlaufgaben auswählen und bearbeiten

Wähle aus dem folgenden Angebot noch zwei weitere Aufgaben aus:

- Erstelle ein Abecedarium zum Buch.
- Schreibe auf, welche der Buchfiguren du gerne wärst. Begründe.
- Sammle wichtige Informationen über die Autorin/den Autor.

Klebe alle Blätter aneinander, rolle sie zusammen und stecke sie in deine .

Oma und Opa Meume

Emma liebt Oma und Opa Meume, die in ihrem Haus wohnen. Doch dann stirbt Oma Meume und Opa Meume ist ganz fürchterlich traurig.

Ich war neun Jahre alt und ging in die vierte Klasse. Opa Meume war fünfundachtzig und saß den ganzen Tag in seinem Sessel. Wir wohnten im selben Mietshaus. Ich im zweiten und Opa Meume im dritten Stock. Von einem Tag auf den anderen war Opa Meume plötzlich grau geworden. Nicht seine Haare, die waren schon immer grau. Sondern sein Gesicht, seine Stimme und sein Blick.

Davor, als Oma Meume noch lebte, war alles anders. Die beiden waren bunt. Oma Meume hatte die schönsten Apfelbäckchen der Welt und Opa Meume strahlende Augen, vor allem wenn er Oma Meume ansah. Sonntagnachmittags tranken Opa und Oma Meume Kaffee und tanzten danach einen Walzer. Ich huschte manchmal nach oben und schaute zu, wie Opa Meume Oma Meume den Arm um die Taille legte und sie sich auf dem Parkett drehten. „Ohne Walzer wär's kein Sonntag", sagte Oma Meume einmal. Und Opa Meume nickte dazu. „Wir sind seit vierundsechzig Jahren verheiratet, das sind zweiundfünfzig Sonntage mal vierundsechzig, gleich …" Er rechnete eine Weile. „Dreitausenddreihundertachtundzwanzig und noch ein paar dazu, das sind, ich würde sagen, ungefähr dreitausendvierhundert Walzer. Ganz ordentlich, findest du nicht?" Und dann lächelte er Oma Meume an, und sie lächelte zurück. Die beiden machten fast alles zusammen. Nur eines nicht: Opa Meume saß für sein Leben gern vor dem Fernseher und guckte Fußball. „Meume", sagte die Oma dann, „ich gehe ins Café, ich ertrage den Lärm nicht." Denn Opa Meume hörte nicht mehr gut, und sein Fernseher war ohrenbetäubend laut.

Maggie Schneider

Was erfährst du über Opa Meume?
Fertige einen „Opa-Meume-Steckbrief" an.

Liebeserklärungen an …

Liebe

Wir haben eine Neue in der Klasse.
Manchmal lacht sie mich so an.
Dann wird mir immer ganz komisch.
Aber das Komische ist schön.
Es kribbelt überall,
und meine Ohren werden ganz warm.
Sie lacht wunderbar.
Ihr ganzes Gesicht lacht.
Der Mund lacht, die Augen lachen,
die Grübchen lachen.
Sogar die Nase lacht ein bisschen.
Jetzt kann ich sogar unseren Lehrer leiden.
Ich möchte nur wissen, woher das kommt.

Wolfgang Fischbach

Ich

Ich stehe
manchmal
neben mir
und sage
freundlich
DU zu mir
und sag
DU bist
ein Exemplar
wie keines
jemals
vor dir war
DU bist
der Stern
der Sterne
Das hör ich
nämlich gerne

Jürgen Spohn

Dein großer Bruder.
Dein bester Freund fürs Leben.
Er ist für dich da.

Ahmed

Rätsel

Ich sage, ich liebe dich.
Und ich sage, der Mond wärmt mich.
Und ich sage, der Regen steigt.
Und ich sage, wer spricht, der schweigt.
Und ich sage, was fragst du mich.
Und ich sage, ich liebe dich.

Eva Strittmatter

Wegwarte

Da stehst du am Weg,
stehst immerzu.
Wegwarte am Weg,
auf wen wartest du?

Mit blauen Augen
schaust du mich an.
Was weiß ich,
was ich dir sagen kann?
Wegwarte, raue,
du bist schön, du bist da.
Du bist du, ich bin ich.
Was lebt, ist sich nah.

Josef Guggenmos

Freundschaft

Wartend bis ich vom Spaziergang
wiederkomme,
sitzt meine Katze
auf der vereisten Landstraße;
die weiße Brust
gut zu unterscheiden
von den verschneiten Äckern
ringsum.

Cyrus Atabay

In der Nacht

Gestern Nacht
bin ich aufgewacht:
Hat da nicht einer gelacht
im Garten?!
Mucksmäuschenstill.
Warten.
Durchs Fenster
in der Dunkelheit
nichts zu sehen
weit und breit.
Da hört ich meine Schaukel
quietschen,
leise ächzen,
barfuß schlich ich hinunter,
mit meiner Taschenlampe,
tappte durchs feuchte Gras,
leises Kichern,
irgendwer hatte seinen Spaß,
auf meiner Schaukel
eine dunkle Gestalt.
He! rief ich und sah im
Lampenschein,
es waren zwei:
Mein Vater und meine Mutter
auf seinem Schoß.
Wir schaukeln bloß,
lachten beide,
komm mach mit!
Und so schaukelten wir
durch die Nacht
zu dritt.

Rosita Blissenbach

- An wen sind die verschiedenen Liebeserklärungen gerichtet? Belege deine Antworten mit Textstellen.
- Zu welchen Gedichten gehören die Illustrationen? Wähle ein Gedicht aus, das nicht illustriert ist. Was stellst du dir beim Lesen vor? Male ein Bild.

Die Vorstadtkrokodile – Kurt kommt mit

Wer ein Mitglied der „Krokodiler" werden will, muss eine gefährliche Mutprobe bestehen und super Fahrrad fahren können. Was soll Kurt tun, der auch dazugehören möchte, aber im Rollstuhl sitzt? Nach anfänglicher Ablehnung lernen die „Krokodiler" den schlauen und auf seine Art mutigen Kurt schätzen und es entwickeln sich richtige Freundschaften.

Am Montagnachmittag um vier Uhr waren alle Krokodiler vor Kurts Haus versammelt.
Sie warteten auf den Schulbus, der Kurt zu Hause ablieferte, und als dann der Ford Transit in die Silberstraße einbog und vor dem Haus hielt, sahen alle interessiert zu, wie Kurt mit seinem Rollstuhl auf der Rampe aus dem Wagen auf die Straße heruntergelassen wurde. Rudolf und Otto umkreisten auf ihren französischen Fahrrädern den Kleinbus, lagen mit dem Bauch auf dem Sattel wie Akrobaten. Die Pedale traten sie mit den Händen.

Maria und Hannes ließen ihre Fahrräder hinter Wolfermanns Haus stehen, weil sie den Rollstuhl schieben mussten, die Räder wären ihnen hinderlich gewesen.
Nach den ersten Schwierigkeiten ging es ganz gut. Kurt zeigte ihnen immer wieder, wie sie es machen und wann sie was machen mussten.
Mit der Zeit machte es ihnen sogar Spaß, den Rollstuhl zu schieben.
Das war schon ein komischer Anblick, wie sie da durch die Siedlung zogen, Kurt in seinem Rollstuhl, Maria und Hannes schoben, und alle drei wurden ständig von den anderen Krokodilern auf ihren Fahrrädern umkreist. Kurt bremste selbst seinen Rollstuhl ab, wenn es nötig war, und half mit, an seinen Rädern zu schieben, wenn es schwer ging. Nur mit den Bordsteinkanten hatten sie Mühe. Auf den Bürgersteig hinauf zuerst die kleinen Räder, indem man den Stuhl etwas nach hinten kippte; vom Bürgersteig herunter zuerst die großen Räder, Kurt saß dabei mit dem Rücken zur Straße, dann wurden die kleinen Räder einfach nachgezogen. Wenn man den Kniff herausgefunden hatte, war es gar nicht mehr so schwierig. Sie probten das zunächst an einer ruhigen Stelle, bevor sie sich zur stark befahrenen Bundesstraße wagten, und als ihnen Kurt dann bestätigte, sie würden das schon so geschickt machen wie seine Mutter und sein Vater, überquerten sie die Bundesstraße.

Im Wald aber, auf dem holprigen Weg, wurde es doch so schwer, dass noch zwei Krokodiler mithelfen mussten.
Auch Olaf musste mitschieben.
Er tat es ungern, ließ sich aber nichts anmerken.

Als sie dann an der Buche angekommen waren, sagte Hannes: „Guck, da stand unsere Hütte."

„Futsch", sagte Theo, „alles futsch."

„Schade", sagte Kurt.

„Aber wir haben schon angefangen, uns eine neue Hütte zu bauen, auf dem alten Ziegeleigelände", sagte Frank, „die kann man dann nicht mehr so einfach einreißen, die ist aus Steinen gebaut."

„Ziegelei ist zu weit für mich", antwortete Kurt.

„Zu weit?", fragte Frank. „Dich auf die Ziegelei zu schieben, ist doch viel leichter als hierher in den Wald."

„Na, dann fahren wir doch mal zur Ziegelei", sagte Kurt. Er hatte es eigentlich nur gesagt, um zu sehen, wie die Krokodiler darauf reagieren. Aber sie schwiegen betreten, nicht einmal Hannes und Maria, die sich so für Kurt eingesetzt hatten, war es in den Sinn gekommen, Kurt zur Ziegelei mitzunehmen.

„Zur Ziegelei?", fragte Olaf gedehnt. „Mit dir? Im Rollstuhl? Nein, das geht nicht."

Kurt drehte sich langsam und sah allen ins Gesicht, aber die Krokodiler mochten Kurt nicht ansehen, sie sahen irgendwohin. Nur Hannes zuckte mit den Schultern.

„Wieso geht das nicht?", fragte Kurt. „Ist es euch zu schwer? Ich dachte immer, ihr klettert auf die höchsten Bäume und die steilsten Dächer, hab ich immer gedacht."

„Es ist uns nicht zu schwer", sagte Olaf, „es ist einfach zu weit für dich, das ist es, und dann, es geht immerhin ganz schön bergauf die letzten hundert Meter, und dann ist der Weg da auch nicht mehr geteert. Deine Mutter erlaubt es bestimmt nicht."

„Die braucht es doch gar nicht zu wissen", antwortete Kurt.

Maria versuchte zu vermitteln, sie sagte: „Lasst es uns doch mal probieren, wir wechseln beim Schieben ab."

Kurt sah Maria dankbar an.

Die Krokodiler fanden immer noch Ausreden, Kurt von seinem Wunsch abzubringen, dann aber waren auch Frank und Peter dafür, dass man es einfach mal versuchen sollte, schließlich gab auch Olaf seinen Widerstand auf. Sie zogen los.

Sie mussten die stark befahrene Bundesstraße erneut überqueren, an einer Stelle, an der es keine Fußgängerampel gab. Sie standen ratlos an der Bordsteinkante und sahen den Autos entgegen, ob vielleicht eines von selbst anhalten würde, aber sie rasten nur vorbei. Die Krokodiler trauten sich nicht, mit Kurt die Fahrbahn zu überqueren.

Da lief plötzlich Theo auf die Fahrbahn, stellte sich in der Mitte auf den weißen Streifen und breitete die Arme aus. Den Krokodilern blieb die Sprache weg. Die Autos hielten an, bis die Krokodiler mit Kurt die Straße überquert hatten.

„Na, wie habe ich das gemacht?“, rief Theo triumphierend, als erwarte er von jedem ein Sonderlob.

„Schlecht“, antwortete Kurt, „tot könntest du jetzt sein. Du kennst doch diese verrückten Autofahrer. Das war verrückt.“

„Ich bin aber nicht tot“, erwiderte Theo und schob stolz sein Fahrrad neben Kurt her, dessen Rollstuhl immer noch von Maria und Frank geschoben wurde.

Die letzten hundert Meter vor der Ziegelei wurde es dann tatsächlich schwierig, mehrmals drohte der Rollstuhl umzukippen, weil die kleinen Vorderräder an große Steine stießen und den Rollstuhl stoppten.

Und als sie die steinigen Hindernisse endlich hinter sich hatten, standen sie unvermutet vor einem neuen, nämlich dem zwei Meter hohen Maschendraht. Wohl gab es im Zaun genug Löcher, aber sie waren nicht so groß, dass ein Rollstuhl durchpasste. Maria meinte zwar, wenn man den Rollstuhl zusammenklappte, wäre es möglich, aber keiner traute sich zu, Kurt aus dem Rollstuhl zu heben; und allein durch das Loch hindurchzurobben, wie er es in der Wohnung machte, das traute sich Kurt wiederum nicht zu.

„Und was jetzt?“, fragte Frank. „Wir können Kurt doch nicht allein hier draußen stehenlassen. So ein Mist.“

Max von der Grün

Stoppe deinen Lesevortrag an einer besonders spannenden oder interessanten Stelle.

- Wähle einen Textabschnitt aus, mit dem du andere neugierig auf das Buch machen möchtest. Bereite diesen Abschnitt als Leseprobe vor.
- Was fühlt und denkt wohl Kurt, als er in seinem Rollstuhl vor dem zwei Meter hohen Maschendrahtzaun steht? Schreibe es in eine Gedankenblase.

Freunde

Freunde hat keiner zu viel. Selbst die reichsten Leute nicht, denn richtige Freunde sind sehr selten. Und man kann sie nicht kaufen. Einen Freund sollte jeder haben.

Ein Freund, das ist der, mit dem man nicht nur über Filme und Bücher und Mode und über die Mädchen und die Jungen reden kann.

Mit einem Freund kann man über das reden, worüber man eigentlich mit keinem sprechen kann. Wenn du den ganzen Tag die Tränen zurückgehalten hast, bei ihm kannst du sie loslassen. Er wird dich verstehen. Und wenn du dich in eine Situation manövriert hast, aus der es keinen Ausweg gibt, wenn du auf deine Eltern und die Lehrer und alle, die du kennst, wütend bist, wenn du nicht mehr weißt, wie du den Tag überstehen sollst und am liebsten tot wärst, dann hast du noch immer deinen Freund. Der sagt dann nur: „Hey, Mann, du steckst aber ganz schön tief in der Scheiße. Komm, gehen wir ein Eis essen und lass uns miteinander reden." So einer ist das.

Freunde sind selten. Und sie können abhanden kommen, wenn man nicht aufpasst. Wenn du einen Freund verlierst, ich meine, einen wirklichen Freund, dann ist das fast so schlimm, als ob deine Mama stirbt. Du wirst es dein Leben lang nicht vergessen, und es wird dir noch wehtun, wenn du hundert Jahre alt bist.

Also, geh sorgsam mit deinem Freund um. Du brauchst ihn nämlich. Und er braucht dich. Das ist Freundschaft.

Christoph Hein

- Notiere Textstellen, die dir ganz besonders wichtig sind. Tausche dich anschließend mit anderen in der Lesekonferenz aus.

Finde das Kuckucksei!

Freundschaftsband
Freundschaftsspruch
Freundschaftsrand
Freundschaftsspiel
Freundschaftsdienst
Freundschaftsgeschichte

Familienrätsel – nachdenken empfohlen!

Zwölf Schwestern haben jede einen Bruder. Wie viele Kinder sind das zusammen?

Wenn die Schwester deines Onkels nicht deine Tante ist, wer ist sie dann?

Welche Mutter hat keine Kinder?

Wie heißen diese Freunde?

_ USTIG	_ UTIG	_ LINK
_ HRLICH	_ UFMERKSAM	_ ÜCKSICHTSVOLL
_ FFEN	_ OTHAARIG	_ NTERESSIERT
_ EUGIERIG	_ NTELLIGENT	_ REU
	_ NERGISCH	_ UVERLÄSSIG

Lach dich kringelig

Tim ganz aufgeregt zu seinem Freund Kai:
„Stell dir mal vor,
auf Hawaii ist schon wieder ein Vulkan ausgebrochen!"
Antwortet Kai beruhigend:
„Keine Sorge,
die fangen
den bestimmt
wieder ein!"

Freudiger Zungenbrecher

Das freundliche Fräulein Freud aus Freudenstadt freut sich freitags fröhlich auf ihre frische Freundin Fräulein Freudenthal aus Freudenberg.

Lösungen S. 196

Kannst du die Geheimnachricht der Krokodiler entschlüsseln?

He◎te t◎iff◎ si◎h die gan◎e Ba◎d◎ um 15 Uh◎ in der ◎lten Zie◎elei. Wir m◎ssen un◎eding◎ mehr üb◎r die M◎pedf◎hrer he◎aus◎rie◎en. K◎r◎ gla◎bt, dass sie d◎e E◎nbrec◎er sind.

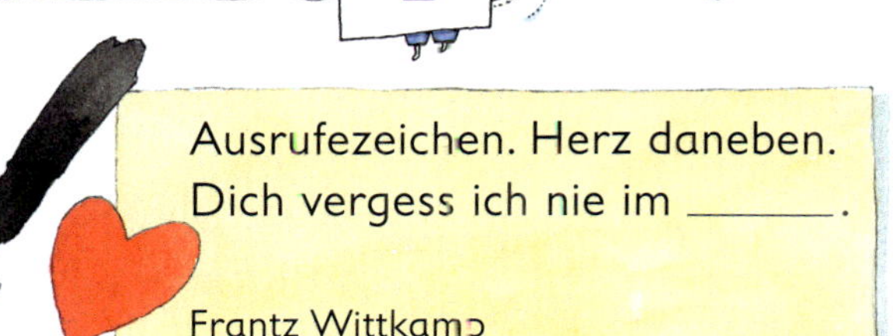

Ausrufezeichen. Herz daneben.
Dich vergess ich nie im ______.

Frantz Wittkamp

Sprüche fürs Freundschaftsbuch

Der Fisch ist stumm,
der Esel ist ______,
das Reh ist scheu
und ich bin dir ______.

Seifenblasen, rohes Ei
gehen ach so schnell entzwei.
Aber unsere Freundschaft hält,
bis die Welt in Stücke ______.

Der gordische Knoten – ein Spiel für Freunde

Bei dieser Spielidee aus den Philippinen kann es schon mal etwas turbulenter zugehen. Schafft ihr es, den gordischen Knoten zu lösen?
Stellt euch in einem größeren Kreis auf und schließt die Augen. Auf Kommando geht jeder mit ausgestreckten Armen auf die Kreismitte zu. Sobald ihr die Hand eines Mitspielers berührt, müsst ihr versuchen, sie festzuhalten. Erst wenn ich euch alle an den Händen halte, dürft ihr die Augen öffnen. Jetzt heißt es, die Hände entwirren, ohne sie loszulassen. Dabei müsst ihr übereinandersteigen, zwischen den Beinen von Mitspielern durchschlüpfen, euch drehen und verrenken …

Geschenke-Tipp

Wem möchtest du ein Foto von dir schenken, damit du demjenigen immer ganz nahe bist?
Schneide aus Pappe eine hübsche Form aus, vielleicht eine Blume oder ein Handy, und klebe dein Foto darauf.
Rund um das Foto kannst du noch einen netten Spruch schreiben.

Fabelhaftes

Der Kürbis und der Apfelkern

Ein Kürbis und ein Apfelkern gingen zusammen auf die Reise. Sie waren noch nicht ganz aus dem Dorf, da saßen auf einem Baum zwei Elstern. Die eine Elster sagte zur andern: „Siehst du sie wandern? Sprich, wie findest du dieses Paar?" Drauf sagte die andere: „Sonderbar." Da stieß der Apfelkern den Kürbis an: „Hörst du sie reden?" Doch der Kürbis entgegnete: „Lass sie reden, die beeden! Wenn wir auf alle Leute hören wollten, kämen wir nie ans Ziel!" Und sie wanderten fröhlich weiter in die Welt. Der Kürbis und der Apfelkern, sie hatten einander von Herzen gern. Und das war die Hauptsache. Oder?

Josef Guggenmos

Grau und rot

Ein verirrter Esel lachte
sich im Walde beinah tot,
denn vor ihm auf einem Baume
saß ein Eichhorn, feuerrot.

Brüllend, prustend, quiekend,
kichernd
rief er: „So was sah ich nie!
Ha! I-a! Wie ist das komisch!
Rote Haare hat das Vieh!"

Lassen wir den Esel kichern!
Das gescheite Eichhorn spricht:
„Über rote Haare lachen
nur die Esel!" – Oder nicht?

Zbigniew Lengren

Die Stachelschweine

An einem eisig kalten Wintertag – der Wind pfiff schneidend – drängte sich eine Schar Stachelschweine in ihrem Schlupfwinkel so nahe wie möglich aneinander. Aber als sie sich zusammendrängten, bohrten sich ihre spitzen Stacheln gegenseitig in ihre Körper. Sie wichen also wieder auseinander, doch die eisige Kälte zwang sie abermals, nahe zusammenzurücken.
Wieder stachen sie sich mit ihren Borsten, und wieder wichen sie auseinander. Auseinander – zusammenrücken – auseinander – das wiederholte sich so oft, bis sie einen Abstand gefunden hatten, der sie die Kälte des Winters ertragen ließ. Nicht allzu nahe beisammen, sodass sie ihre Stacheln nicht störten, und nicht allzu sehr auseinander, sodass sie nicht erfroren. Diesen Abstand nannten sie Höflichkeit und gutes Benehmen.

Arthur Schopenhauer

Der alte Löwe

Ein alter Löwe lag todkrank vor seiner Höhle. Die Tiere, denen er bisher Angst eingejagt hatte, freuten sich darüber. Sie ließen nun ihren Hass an ihm aus.
Der Fuchs kränkte ihn mit Worten.
Der Wolf beschimpfte ihn derb.
Der Ochse stieß ihn mit den Hörnern.
Das Wildschwein kratzte ihn mit den Hauern.
Der Esel gab ihm mutig einen Fußtritt.
Nur das Pferd stand still dabei, obgleich der Löwe seine Mutter gefressen hatte. „Willst du ihm nicht auch etwas antun?“, fragte der Esel.
„Nein“, sagte das Pferd, „ich möchte mich an keinem rächen, der wehrlos ist.“

Iwan Krylow

Der Schwan, der Hecht und der Krebs

Wenn zur Gemeinsamkeit sich Eintracht nicht gesellt,
ist's um die Sache schlecht bestellt:
Es gibt nur Quälerei, und man bringt nichts zurecht.
Einst wollten Schwan und Krebs und Hecht
fortschieben einen Karrn mit seiner Last
und spannten sich zu drein davor in Hast.
Sie tun ihr Äußerstes – er rückt nicht von der Stelle.
Die Last an sich wär ihnen leicht genug,
allein der Schwan nimmt aufwärts seinen Flug,
der Krebs kriecht rückwärts,
und der Hecht strebt in des Wassers Welle.
Wer schuld nun ist, wer nicht,
darüber braucht's kein Wort,
der Karren steht noch immer dort.

Iwan Krylow

- Erkläre mithilfe des Glossars die Merkmale einer Fabel.
- Welche der Fabeln erinnert dich an eine Situation, die du schon einmal selbst erlebt hast? Erzähle.
- Spielt gemeinsam eine Fabel vor. Überlegt, was die Figuren sagen oder tun und wie sie sich bewegen könnten.

Susis geheimes Tagebuch

13. September
Weil heute Donnerstag ist, ist der Ali nach der Schule mit mir heimgegangen. Jeden Donnerstag, wenn nicht Ferien sind, kommt der Ali zu mir. Den Donnerstag als Besuchstag hat sich der Ali deswegen ausgesucht, weil wir am Donnerstag immer Spinat haben. Nach der Spinatmampferei haben wir die Aufgabe gemacht. Gerade als wir die Hefte wieder in die Schultaschen stecken, klingelt es an der Tür, meine Mutter jubelt, und der Paul kommt in mein Zimmer. Er sieht Ali und fragt mich: „Was will denn der da?“ Ich sage: „Er heißt nicht Der-Da, er heißt Ali!“ – „Ist der vielleicht jetzt dein Freund?“, fragt mich der Paul.
„Sowieso“, sagt der Ali und lacht. Da stürzt sich der Paul auf ihn, springt ihn richtig an und drischt mit beiden Fäusten auf ihn ein. Ich schrei zuerst: „Hör sofort auf!“, und weil das nichts hilft, schrei ich nach der Mama. Doch bevor die Mama noch da ist, hat der Ali den ersten Schreck überwunden und wehrt sich. Zuerst haut er dem Paul eine herunter, dann verdreht er ihm den rechten Arm, und dann nimmt er ihn in den Schwitzkasten. Vielleicht war die Reihenfolge auch umgekehrt. Jedenfalls hat die Mama, als sie ins Zimmer kam, die Lage falsch verstanden und „Ali, schäm dich!“ gebrüllt. Da hat der Ali den Paul losgelassen, und sofort ist der Paul wieder auf ihn losgegangen, und der Ali hat sich wieder gewehrt und den Paul zu Boden gedrückt und sich auf den Paul gesetzt. Die Mama hat gesagt: „So, jetzt ist aber Friede!“

Pauls geheimes Tagebuch

13. September
Morgen gehe ich nicht in die Schule. So wie ich ausschaue, braucht mich niemand zu sehen. Ich habe eine geschwollene Nase und eine dicke Unterlippe und ein blauviolettes Kinn. Weil dieser Ali unfair kämpft. Und weil uns die Mama von der Susi nicht weiterkämpfen ließ. Hätte sie uns nicht getrennt, hätte ich sicher noch die Oberhand im Kampf bekommen, und der Ali würde jetzt noch viel zerschundener aussehen als ich!
Wegen einer geschwollenen Nase, einer dicken Lippe und dem blauen Kinn würde mich die Mama sicher nicht von der Schule daheim lassen. Darum habe ich gesagt, dass mir das rechte Bein weh tut. Die Mama wollte es nicht glauben, aber die Oma hat mir geglaubt. „Er wird sich einen Nerv eingeklemmt haben und das strahlt aus“, hat sie der Mama erklärt. Die Mama wollte von mir wissen, warum ich mich mit dem Ali geprügelt habe. „Weil er mich immer so blöd anschaut!“, habe ich gesagt. „Und weil er stänkert.“ Die Mama hält das für keinen ausreichenden Grund zum Raufen. Wenn jeder jeden hauen würde, der ihn blöd anschaut und stänkert, hat sie gesagt, würden alle Menschen mit dicken Lippen, blauen Kinnen und geschwollenen Nasen herumgehen. Der Papa würde das viel besser verstehen, Gott sei dank hat die Mama aber im Moment ohnehin keine Zeit, mir Moralpredigten zu halten.

Christine Nöstlinger

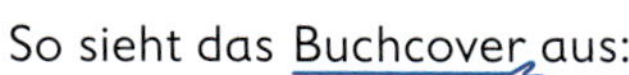
So sieht das Buchcover aus:

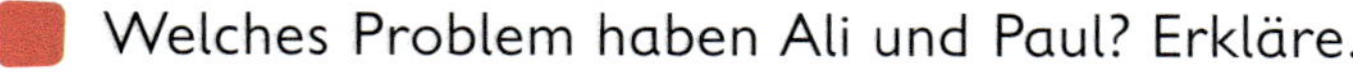

- Welches Problem haben Ali und Paul? Erkläre.
- Wie kann man zu diesem Buch eine Leserolle außen passend gestalten? Fertige eine Skizze an.

bei der Beschäftigung mit literarischen Texten Sensibilität zeigen
- ein Kinderbuch selbst auswählen und vorstellen

AH S.14, S.15

Streitschlichter: helfen statt wegschauen

Es ist Montagmorgen, große Pause. Michael trottet schlecht gelaunt über den Pausenhof. Schon wieder eine Fünf in Mathe, das gibt Ärger mit den Eltern.
Auf der anderen Seite des Platzes spielt Amad mit seinen Kumpels Fußball. Es geht heiß her, sie achten kaum darauf, was um sie herum geschieht. Es ist keine Absicht, aber schon ist es passiert. Amad ist mit voller Wucht in Michael gerannt. Der Ball ist verloren. Beide sind sauer. Wutentbrannt starren sie sich an. Einige Schüler würden gern vermitteln, werden von den anderen aber mit Buuh-Rufen bedacht: Damals wollte Simon helfen, wurde aber noch abgehalten; vom Gruppenzwang und von andern Schülern, die sich eine Prügelei ansehen wollten. Heute kann ihn keiner mehr abhalten zu helfen und Streits zu verhindern. Denn Simon ist Streitschlichter. Genauso wie seine Mitschülerin aus der Parallelklasse, Monika.

Als Streitschlichter tragen Monika und Simon viel Verantwortung. Deshalb wurden sie richtig für ihren Job als Streitschlichter ausgebildet. Eine richtige Prüfung im Streitschlichten stand auch noch an.
Drei Regeln sind besonders wichtig für Streitschlichter:

1. Jeder lässt jeden aussprechen, Schimpfwörter sind verboten.
2. Streitschlichter sind immer neutral, sie halten nicht zu einem der Streitenden.
3. Das Gespräch ist vertraulich, die Streitschlichter dürfen niemandem etwas von der Schlichtung erzählen.

Wenn Simon und Monika heute über den Pausenhof laufen, müssen sie keiner Prügelei mehr zusehen. Sie wissen genau, wie sie auf die streitenden Mitschüler zugehen müssen. Und sie haben gelernt, was sie sagen können, damit sich die erhitzten Gemüter wieder abkühlen. Besonders wichtig ist dabei der Vertrag. Ein Vertrag, den die Streitschlichter zusammen mit den Streithähnen ausfüllen. Er beschreibt den Hergang des Streits und auch die Lösung, auf die alle sich geeinigt haben. „Und an diesen offiziellen Vertrag halten sich dann alle", meint Simon stolz.

Nadine Eckert

- Nenne die wichtigsten Regeln für Streitschlichter.
- Simon ist stolz. Worauf? Erkläre mithilfe des Textes.

Gesetzt den Fall

Gesetzt den Fall, ihr habt ein Schaf gekränkt –
(„Gesetzt den Fall“ heißt „Nehmen wir mal an“) – ,
gesetzt den Fall, es hat den Kopf gesenkt
und ist euch böse, ja, was dann?

Dann solltet ihr dem Schaf was Liebes sagen,
ihr könnt ihm auch dabei den Rücken streicheln,
ihr dürft nicht „Na? Warum so sauer?“ fragen,
ihr müsst dem Schaf mit Freundlichkeiten schmeicheln.

Sagt mir jetzt nicht: „Ich wohn’ doch in der Stadt,
wo soll ich da um Himmels willen Schafe kränken?“
Ich gebe zu, dass das was für sich hat,
doch bitte ich euch trotzdem zu bedenken:

Ein gutes Wort ist nie verschenkt,
nicht nur bei Schafen, sondern überall.
Auch trefft ihr Schafe öfter, als ihr denkt.
Nicht nur auf Wiesen. Und nicht nur im Stall.

(Na wo denn noch?)

Robert Gernhardt

- Beantworte die Frage am Ende des Gedichts.
- Suche dir ein Partnerkind. Ein Kind spielt das gekränkte Schaf, das andere versucht sich bei ihm mit Freundlichkeiten zu entschuldigen. Spielt der Klasse vor, was ihr euch ausgedacht habt.

Im Winter

Ein Schneekristall

Ein Schneekristall lag
mir auf der Hand, ewig schön,
eine Sekunde.

Josef Guggenmos

So kannst du die wörtliche Rede in einem Text vortragen

„Ach so!", grollte Vater Löwenhaupt.

→ **Schritt 1: erkennen, was gesprochen wird**
Finde die Textstellen, in denen etwas gesprochen wird.
Orientiere dich an den Zeichen der wörtlichen Rede.

→ **Schritt 2: erkennen, wer spricht**
Untersuche die vorangehenden und nachfolgenden Sätze.
Orientiere dich an den Namen von Figuren.
Ordne den Personalpronomen die Namen der Figuren zu.

er = Vater Löwenhaupt

„Ach so!", grollte Vater Löwenhaupt.

… donnerte er jetzt los: „Die Gans kommt auf den Weihnachtstisch …!"

→ **Schritt 3: überlegen, wie gesprochen wird**
Finde heraus, wie die Figuren sprechen.
Achte auf den Begleitsatz, Satzzeichen oder zusätzliche Hinweise zu den Besonderheiten der Figuren.

Hinweise im Text	Wie man den Text sprechen kann
„Ach so!", grollte Vater Löwenhaupt.	wütender sprechen
„Und ich? Was wird aus mir?!"	fragen, fragend und empört
„Aber Luipold, verstehe doch!" suchte die Mutter ihn zu beschwichtigen.	beruhigend und langsam

→ **Schritt 4: ausprobieren, üben und einschätzen**
Probiere verschiedene Möglichkeiten aus.
Übe und schätze deinen Vortrag ein.

In meinem Textvortrag kann ich mit meiner Stimme	
• hörbar machen, dass verschiedene Figuren sprechen (z.B. wie ein alter Mann, ein störrischer Esel sprechen);	☆☆☆☆☆
• hörbar machen, wie die Figuren sprechen (z.B. laut, leise, fröhlich, wütend, langsam, schnell … sprechen).	☆☆☆☆☆

Die Weihnachtsgans Auguste

Der Opernsänger Luipold Löwenhaupt hatte bereits im November vorsorglich eine fünf Kilo schwere Gans gekauft – eine Weihnachtsgans. Doch das Weihnachtsfest rückte näher und näher.

Eines Mittags meinte der Sänger Löwenhaupt plötzlich zu seiner Frau, dass es nun mit Auguste „so weit wäre“. Mutter Löwenhaupt machte ihrem Mann erschrocken Zeichen, in Gegenwart der Kinder zu schweigen.

Nach Tisch, als der Sänger Luipold Löwenhaupt mit seiner Frau allein war, fragte er, was das seltsame Gebaren zu bedeuten habe? Und nun erzählte Mutter Löwenhaupt, wie sehr sich die Kinder – vor allem Peterle – an Auguste, die Gans, gewöhnt hätten und dass es ganz unmöglich sei …

„Was ist unmöglich?“, fragte Vater Löwenhaupt.

Die Mutter schwieg und sah ihn nur an.

„Ach so!“, grollte Vater Löwenhaupt. „Ihr glaubt, ich habe die Gans als Spielzeug für die Kinder gekauft? Ein nettes Spielzeug! Und ich? Was wird aus mir?!“

„Aber Luipold, verstehe doch!“, suchte die Mutter ihn zu beschwichtigen.

„Natürlich, ich verstehe ja schon!“, zürnte der Vater. „Ich muss wie stets hintenanstehn!“ Und als habe diese furchtbare Feststellung seine sämtlichen Energien entfesselt, donnerte er jetzt los: „Die Gans kommt auf den Weihnachtstisch mit Rotkraut und gedünsteten Äpfeln! Dazu wurde sie gekauft! Und basta!“

Eine Tür knallte zu.

Die Mutter wusste, dass in diesem Stadium mit einem Mann und dazu noch mit einem Opernsänger nichts anzufangen war. Sie setzte sich in ihr Zimmer über eine Näharbeit und vergoss ein paar Tränen. Dann beriet sie mit ihrer Haushaltgehilfin Theres, was zu tun sei, da bis Weihnachten nur noch eine Woche war.

Friedrich Wolf

- Trage die Zeilen 8–24 vor.
  Mache mit deiner Stimme hörbar, dass
  - zwei Figuren sprechen;
  - Vater Löwenhaupt immer wütender und energischer wird.

Es weihnachtet sehr

An Dezembertagen
kann es sein
dass es abends
freundlich klopft
dass Besuch kommt
unverhofft
dass dir jemand
Himmelstorte backt
und die dicksten
Nüsse knackt
dass er dir
ein Lied mitbringt
und von seinen
Träumen singt

An Dezembertagen
kann es sein
dass Menschen
plötzlich Flügel tragen
und nach
Herzenswünschen fragen
Riesen werden
sanft und klein
laden alle Zwerge ein
Dezember
müsst es immer sein!

Anne Steinwart

Advent

Es treibt der Wind im Winterwalde
die Flockenherde wie ein Hirt,
und manche Tanne ahnt, wie balde
sie fromm und lichterheilig wird;
und lauscht hinaus. Den weißen Wegen
streckt sie die Zweige hin – bereit,
und wehrt dem Wind und wächst entgegen
der einen Nacht der Herrlichkeit.

Rainer Maria Rilke

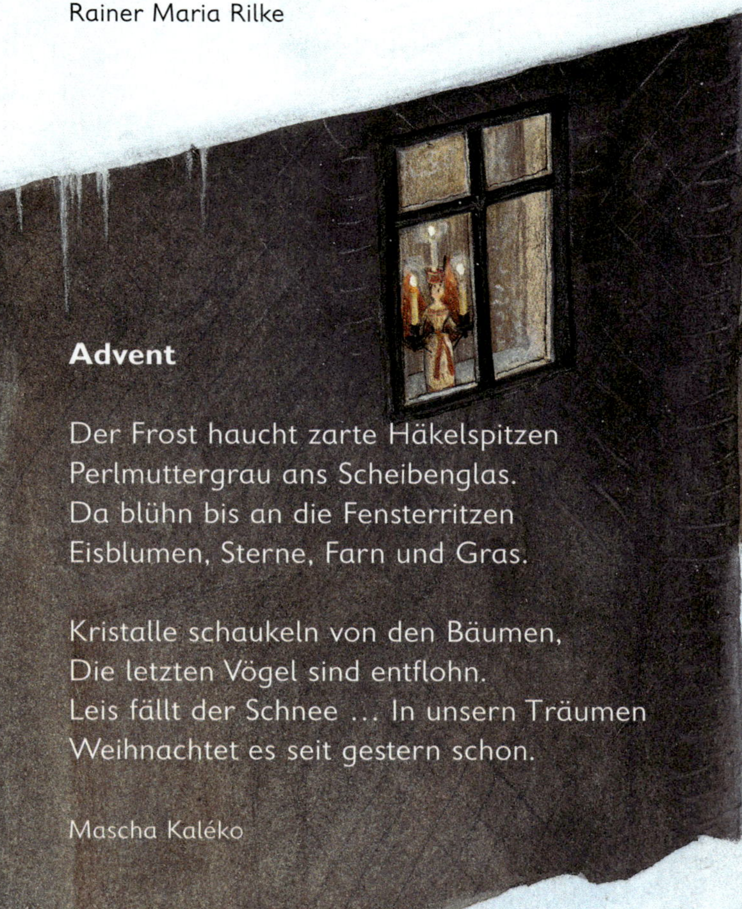

Advent

Der Frost haucht zarte Häkelspitzen
Perlmuttergrau ans Scheibenglas.
Da blühn bis an die Fensterritzen
Eisblumen, Sterne, Farn und Gras.

Kristalle schaukeln von den Bäumen,
Die letzten Vögel sind entflohn.
Leis fällt der Schnee … In unsern Träumen
Weihnachtet es seit gestern schon.

Mascha Kaléko

Weihnachten

Markt und Straßen stehn verlassen,
still erleuchtet jedes Haus,
sinnend geh ich durch die Gassen,
alles sieht so festlich aus.

An den Fenstern haben Frauen
buntes Spielzeug fromm geschmückt,
tausend Kindlein stehn und schauen,
sind so wunderstill beglückt.

Und ich wandre aus den Mauern
bis hinaus ins freie Feld,
hehres Glänzen, heilges Schauern!
Wie so weit und still die Welt!

Sterne hoch die Kreise schlingen,
aus des Schnees Einsamkeit
steigt's wie wunderbares Singen –
o du gnadenreiche Zeit!

Joseph von Eichendorff

Ein Weihnachtslied

Es ist Weihnachten geworden,
kalter Wind bläst aus dem Norden
und hat Eis und Schnee gebracht.

Doch am Weihnachtsbaum die Kerzen,
die erwärmen unsre Herzen,
und des Kindes Auge lacht.

Und man sieht auf den verschneiten
Straßen weiße Engel schreiten
durch die stille, heil'ge Nacht.

Heinz Erhardt

- Wähle ein Gedicht auf dieser Doppelseite aus.
  Untersuche die Anzahl der Strophen, der Verse und ob sich das Gedicht reimt.
- Lerne das Gedicht auswendig und trage es am Weihnachtsabend vor.

Alle Jahre Widder

Weihnachten steht vor der Tür und ausgerechnet jetzt streiken die Rentiere. Meister Matthäus, Leiter der Abteilung Auslieferung in der himmlischen Weihnachtsorganisation ist dringend auf der Suche nach Verstärkung. Tatsächlich folgen bald Tiere aus der ganzen Welt seinem Aufruf, Schlittenzugtiere zu sein. Nur Widur, das kleine Widder-Kaninchen, bleibt trotz einfühlsamen Trainings ein hoffnungsloser Fall …

Die unterschiedlichsten Tiere waren dem Aufruf von Meister Matthäus gefolgt: Galloway-Hochlandrinder aus Schottland, zottelig wie Plüschtiere, amerikanische Bisons mit mächtigen Köpfen, kräftige Wasserbüffel aus Pakistan, diverse Antilopenarten aus aller Herren Länder und alle möglichen Pferde vom Shetlandpony bis zum riesigen Brauereigaul. Auch Esel, Maultiere und Elche waren vertreten. Irgendwo tauchten das imposante Horn eines Rhinozerosses, zwei Kamelhöcker, ein paar Elefantenrüssel und der dunkelfeucht glänzende Hintern eines Nilpferdes auf. Erstaunlich, wer sich da so angesprochen fühlte, dachte Meister Matthäus. Absolut erstaunlich.
Siggi stieß ihn an und warf ihm einen Blick zu, der *Wen hast denn du da alles angeschleppt?* bedeutete.
„Nun ja“, sagte Meister Matthäus. „Nilpferde und Elefanten können uns vielleicht nützlich sein, oder?“ „Und was ist mit denen dahinten?“
Meister Matthäus schaute und machte: „Ähem.“ Sah er richtig? Hüpften da Kängurus zwischen den anderen Bewerbern herum? Und da vorne, war das ein Hängebauchschwein? Der markante Kopf dahinter mit dem Fusselbart gehörte jedenfalls eindeutig einer Ziege. Dann hoppelte ein außergewöhnlich kleines Kaninchen den beiden Männern und dem Rentier vor die Füße.
Während Herr Kaurismäki ein donnerndes „Willkommen, Kollegen!“ über den Platz wieherte, wandte Siggi sich an Meister Matthäus: „Meinst du, alle Bewerber sind optimal für ihren neuen Job geeignet?“
„Hm“, brummte der Abteilungsleiter und rieb sich über den falschen

Bart, den er extra zur Begrüßung der Neuankömmlinge angelegt hatte.

„Gemeinsam werden wir es schon schaffen“, rief Herr Kaurismäki. „Hauptsache, die Arbeitsbedingungen stimmen, die Mitarbeiter sind gut organisiert und alle ziehen an einem Strang, oder besser: Schlitten.“

Die Neuankömmlinge klatschten mit sämtlichen Hufen und Klauen Beifall und das Rentier kletterte umständlich von der Bühne und begann Aufnahmeanträge für die Gewerkschaft zu verteilen.

Das kleine Kaninchen richtete sich unterdessen vor dem Podest auf.

„Ich bin Widur“, schnuffelte es.

„Wie kommst du hierher?“, fragte Meister Matthäus.

Das Kaninchen hob eine Pfote und rief: „Klick! Schon war ich hier.“

„Aber ... wo hast du denn von uns erfahren?“

„Na, in der Arena, in der ich soeben noch ein riesiges Trumm von Hundeviech erledigen wollte. Ich lass mir durch euer Angebot wahrscheinlich eine Bilderbuch-Karriere als Boxer entgehen. Aber es gibt schließlich noch was anderes im Leben, als sich gegenseitig auf die Nase zu hauen. Ich hab mir die Sache angeschaut und gleich gewusst: Bingo! Das kann keiner besser als ich.“

„Wieso?“, fragte Siggi.

„Ich bin ein Widder“, erklärte das Kaninchen stolz. Siggi schüttelte den Kopf. „Du bist ein Kaninchen. Ein sehr kleines Kaninchen. Außergewöhnlich winzig.“ „Ich bin ein Widder“, wiederholte Widur unbeirrt und machte sich so lang, dass er Siggi fast bis zum Knie reichte. „Widder haben eine Menge außergewöhnlicher Fähigkeiten und können ordentlich was wegschaffen, das dürfte bekannt sein. Von mir aus kann's sofort losgehen.“

Siggi begann in der Tat unverzüglich mit dem Training in der Kulissenstadt. Sie befand sich auf einem Gelände, das aus Sicherheitsgründen ein gutes Stück vom Bürokomplex entfernt war, und sah aus wie ein riesiges Filmstudio.

Die Weihnachtsorganisation hatte hier alle Arten von Häusern nachgebaut, die Menschen zu errichten pflegen.

Der Anfang war schwierig. Die Elefanten-Rhinozeros-Schlittenkombination durchbrach beim ersten Anflug die Vorderfront des Hauses,

das mit Geschenken beliefert werden sollte, pflügte durch das erste Stockwerk, krachte auch durch die Hinterfront und donnerte mit einem dumpfen Aufschlag, der das Trainingsgelände erzittern ließ, in die weiche Gartenerde.

Ein Antilopengespann verlor in der Luft die Orientierung und machte einen Looping. Anschließend flog es verkehrt herum weiter. Der Weihnachtsmann an den Zügeln zischte wie eine rote Rakete aus seinem Sitz Richtung Erde und sämtliche Geschenke prasselten zu Boden wie riesige Hagelkörner.

Siggi, der alles seelenruhig von unten aus beobachtete, ging routiniert in Deckung. Als der Kutscher etwas blass um die Nase an seinem Fallschirm auf die Erde plumpste, klopfte Siggi ihm auf die Schulter.

„Alles im grünen Bereich?"

„Klar, Trainer", erwiderte der Kutscher und die Blässe um seine Nase neigte tatsächlich ins Grüne.

Siggi schaute wieder hoch und lenkte den ferngesteuerten Sandberg für Notlandungen aller Art elegant an die richtige Stelle. Gleich darauf steckten die Antilopen kopfüber darin. Siggi lief zu ihnen hin und tätschelte ihnen das Fell.

„War schon gar nicht schlecht, Leute!" „Wirklich, Trainer?"

„Aber ja! Nur der Neigungswinkel war etwas zu groß. Aber wir kriegen das hin!"

Siggi behielt Recht, obwohl die Schwierigkeiten nicht nur das Fliegen betrafen. Der Kampfstier Luis etwa drehte anfangs jedes Mal durch, wenn er einen rot gekleideten Weihnachtsmann sah.

Fast alle Zugtiere machten Riesenfortschritte, nur mit den Kängurus und dem Kaninchen klappte es einfach nicht.

Der Känguru-Schlitten schlingerte, hopste und bockte dermaßen, dass er am Himmel stets aussah wie ein auf und nieder springender Flummi. Die Kutscher verließen ihn jedes Mal blass im Gesicht und meldeten sich krank.

Es gelang Siggi schließlich, die Beuteltiere zur australischen Boden-Auslieferung zu versetzen, und die Kängurus leisteten dort fortan viele Jahre hervorragende Arbeit.

Tja, und Widur, das außergewöhnlich kleine Kaninchen? Herrje. Es konnte in kein Gespann integriert werden. Es war einfach zu schwach. Aber es ließ sich nicht beirren.

„Wenn die anderen meinen, sie kommen besser ohne mich klar: in Ordnung“, erklärte es Siggi. „Dann zieh ich mein Ding eben allein durch.“

Um Widur ein Erfolgserlebnis zu verschaffen, besorgte Siggi einen Kinderschlitten und stellte ein einziges, leeres Päckchen darauf, damit er nicht völlig unbeladen aussah. Aber Widur bekam selbst den nicht von der Stelle.

„Die Kufen blockieren“, schnaufte er wütend. „Materialfehler!“

„Die Kufen sind schon in Ordnung“, sagte Siggi vorsichtig zum ungezählten Mal. „Vielleicht fehlen dir doch ein paar Muckis. Wie wäre es, wenn du erst mal noch für ein paar Jahre Möhren knabberst?“

„Schaff mir einen anderen Wagen heran“, befahl Widur. „Und zwar in einwandfreiem Zustand, wenn ich bitten darf.“

„Du bist ein sturer kleiner Bock“, brummte Siggi.

Schließlich trieb er einen winzigen Puppenschlitten auf. Bei sämtlichen Flugversuchen stürzte Widur auch damit ab, doch unten am Boden gelang es ihm, das Gefährt Stück für Stück von der Stelle zu zerren.

„He, Siggi!“, keuchte er. „Siggi, schau her! Superwidder im Einsatz!“

Siggi seufzte.

„In ein paar Monaten brauchen wir jede Menge Osterhasen“, sagte er. „Wär das nichts für dich? Ich denke, ein Wachtelei könntest du schon tragen.“

„Ich bin kein Osterhase“, erklärte Widur. „Ich bin ein Widder. Und dabei bleibt's.“

Martin Klein

- Wähle einen oder mehrere Textabschnitte mit wörtlicher Rede zum Vortragen aus. Lies genau und finde heraus:
  - Welche Figuren sprechen?
  - Wie sprechen die Figuren?

  Übe den Textvortrag. Trage den Abschnitt einem Partnerkind vor. Schätzt den Vortrag ein.

- Wähle einen Abschnitt ohne wörtliche Rede aus. Denke dir ein Gespräch aus. Probiere mit einem Partnerkind deine Ideen aus.

Geschichten, Gedichte und Dialoge vortragen, auch auswendig
handelnd mit Texten umgehen

AH S.18, S.19

Feste der Welt

Der Winter ist bei uns eine festreiche Zeit mit vielen Festen wie Weihnachten, Silvester oder Karneval. Auch in anderen Kulturen werden weltweit ähnliche Feste gefeiert.

Weihnachten

Hierzulande freuen sich viele auf das schönste Fest des Jahres, das Weihnachtsfest. In der Adventszeit wird an jedem der vier Adventssonntage eine weitere Kerze am Adventskranz angezündet.
Am Heiligabend gehen viele Menschen in die Kirche. Die **Christen** feiern an diesem Tag die Geburt Jesu. Sie erinnern an die Weihnachtsgeschichte mit Maria und Josef, die sich auf den Weg nach Bethlehem machten. Zum Fest wird der Weihnachtsbaum festlich geschmückt oder die Krippe aufgebaut. In vielen Familien werden Weihnachtslieder gesungen. Die Menschen beschenken einander und treffen sich zum gemeinsamen Essen. In manchen Ländern, z.B. in Italien, ist der Dreikönigstag am 6. Januar der Tag, an dem es die Geschenke gibt.

Chanukka

Im Dezember feiern die **Juden** das Chanukka-Fest. Es ist ein Lichterfest. Der Reihe nach wird acht Tage lang kurz nach Sonnenuntergang immer eine Kerze mehr an einem achtarmigen Kerzenständer angezündet, bis schließlich alle acht Kerzen brennen. Dieses Fest erinnert an den Sieg der Juden über einen König, der ihnen ihre Religion verbieten wollte. Als die Juden ihren Tempel zurückerhielten, wollten sie ihn einweihen und den Leuchter anzünden. Das Öl im Tempel hätte aber nur einen Tag gereicht. Trotzdem brannte der wundersame Leuchter acht Tage lang. Dieses Wunder wird seitdem an Chanukka gefeiert. Die Familie trifft sich abends zu einem besonderen Essen. Die Kinder bekommen Chanukkageschenke.

Divali

Divali ist das indische Neujahrsfest und wird von den **Hindus** gefeiert. Zu Ehren der Göttin Lakshmi, der Frau des Gottes Vishnu, werden an diesem Tag Häuser, Straßen, Plätze und Seen mit kleinen Öllämpchen geschmückt. Abends gibt es ein riesiges Feuerwerk.
Die vielen Lichter und das Feuerwerk sollen zeigen, dass Divali ein Fest ist, bei dem das Gute über das Böse siegt. Die Menschen schenken sich zu diesem Fest gegenseitig Süßigkeiten. Die Kinder haben zwei Tage schulfrei.

Şeker Bayramı

Das Zuckerfest ist ein Fest, das jährlich zu einem anderen Zeitpunkt stattfindet. Die Festtage im Islam richten sich nämlich nach dem Mondkalender. Das neue Jahr beginnt jeweils elf Tage früher als das vorherige. Das Zuckerfest wird deshalb nur alle 30 Jahre wieder an demselben Tag gefeiert. Der neunte Monat des islamischen Kalenders ist der Fastenmonat Ramadan. Das Ende der Fastenzeit feiern die **Muslime** mit dem Zuckerfest. Es wird wie das Weihnachtsfest drei Tage lang gefeiert. Das ganze Haus wird geputzt und es gibt ein Festessen. Am ersten Tag des Zuckerfestes gehen die Muslime in die Moschee, um dort besondere Gebete zu sprechen. Verwandte und Freunde besuchen und beschenken sich gegenseitig. Weil es auch viele Süßigkeiten gibt, wird das Fest Zuckerfest genannt.

Lies die vier Texte. Welche Gemeinsamkeiten stellst du fest? Welche Unterschiede?

Bilderrätsel

Klima im Wandel – welches Schaubild passt?

1 1979 hätten die Menschen auch im Sommer von Amerika zu Fuß über das Eis nach Asien gehen können.

2 Heute reicht die Eisdecke im Sommer nicht mehr bis Asien.

3 Forscher haben berechnet, dass in 60 Jahren die Eisfläche zwischen Amerika und Asien noch viel kleiner sein wird.

A

B

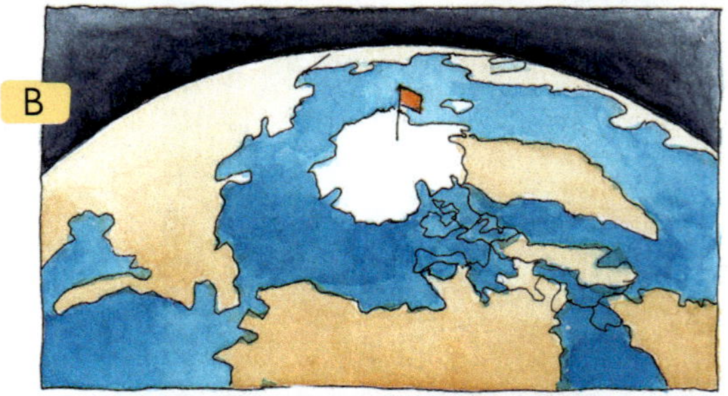

C

Lösungen S. 196

Wo sind die Eisschollen abgebrochen?

Was sind Eisberge?

EI SBER GES INDVO MGLE TSCHE RABGE BR OCHE NE EI SMA SSEN,
DI EIM ME ERT RE IB EN.

Woher hat das Eisbein seinen Namen?

Vielleicht kennst du diese deftige Mahlzeit, ______________ .
Zum Kochen des Eisbeins verwendet man ______________ .
Das Essen trägt diesen Namen, weil früher ______________ des Schweinebeins Kufen hergestellt wurden.
Und so konnte man auf Teilen des Schweinebeins ______________ laufen.

aus gespaltenen Röhrenknochen
für Schlittschuhe
auf dem Eis
Eisbein mit Sauerkraut
Schweinebeine

Welcher Schal gehört zur Mütze?

Aus Goethes Kindheit

Johann Wolfgang Goethe
(1749–1832)

Johann Wolfgang Goethe, ein berühmter deutscher Dichter, kam am 28. August 1749 in Frankfurt am Main zur Welt. Er wuchs mit seiner Schwester Cornelia in einer angesehenen Familie auf und verlebte eine sehr schöne Kindheit. Die Kinder sahen wie kleine Erwachsene aus, steckte man sie doch in die unbequeme Erwachsenenkleidung und ließ sie zu besonderen Anlässen sogar Perücken tragen.

Fahrrad fahren konnte man noch nicht, denn es war noch nicht erfunden. Dafür war das Schlittschuhlaufen im Winter zu dieser Zeit große Mode. Goethe soll es besonders gut gekonnt haben.

Mit Zobel verbrämt

Ein sehr harter Winter hatte den Main völlig mit Eis bedeckt und in einen festen Boden verwandelt. Der lebhafteste, notwendige und lustig-gesellige Verkehr regte sich auf dem Eise. Grenzenlose Schlittschuhbahnen, glatt gefrorne weite Flächen wimmelten von bewegter Versammlung. Ich fehlte nicht vom frühen Morgen an und war also, wie späterhin meine Mutter, dem Schauspiel zuzusehen, angefahren kam, als leicht gekleidet wirklich durchgefroren. Sie saß im Wagen in ihrem roten Sammetpelze, der, auf der Brust mit starken goldenen Schnüren und Quasten zusammengehalten, ganz stattlich aussah. Geben Sie mir, liebe Mutter, Ihren Pelz! rief ich aus dem Stegreife, ohne mich weiter besonnen zu haben, mich friert grimmig. Auch sie bedachte nichts weiter, im Augenblicke hatte ich den Pelz an, der, purpurfarb, bis an die Waden reichend, mit Zobel verbrämt, mit Gold geschmückt, zu der braunen Pelzmütze, die ich trug, gar nicht übel kleidete. So fuhr ich sorglos auf und ab; auch war das Gedränge so groß, dass man die seltene Erscheinung nicht einmal sonderlich bemerkte.

Johann Wolfgang Goethe

- Welche der Figuren auf dem Eis stellt Goethe dar? Belege deine Entscheidung mit den entsprechenden Textstellen.
- Einige Wörter und Wendungen werden dir ungewohnt vorkommen. Suche sie heraus und kläre ihre Bedeutung.

Aussagen mit Textstellen belegen
bei Verständnisschwierigkeiten Verstehenshilfen anwenden

Schnee im Dorf

Wohin man schaut, lümmeln sie auf den Hecken, dick und weiß und faul, und drücken die Zweige nieder. Schneebären!
Auf den Ästen der Obstbäume liegen sie zu aberhunderten: Schneemarder und Schneemäuse! Schneepudel! Schneepumas! Und dort gar, in der großen Astgabel, ein richtiger Schneenikolaus! Hubers haben einen Zaun. Der gilt nicht mehr. Schnee steigt von der Straße in Hubers Garten. Und von Hubers Garten in Auerbachs Garten.
Schnee.
Schnee.
Und es schneit noch immer. Am Weg steht ein Nilpferd, bis hoch über die Ohren eingeschneit. Vielleicht stößt man auch, wenn man nachgräbt, auf ein Auto. Ich gehe mitten auf der Straße. Heute fährt nur, wer wirklich muss. Keiner muss wirklich.
Ich tue einen spaßigen Gang. Zum Postkasten. Unterm Mantel, in der inneren Rocktasche, trage ich einen Brief nach Graz. Ich hätte auch draufschreiben können: Paradies. Oder Atlantis. Es gibt nur noch das Dorf. Und vielleicht noch die Flur drum herum.
Und wenn's noch geht, den Wald auf dem Hügel. Ein Schneemann kommt auf mich zu. Wir bleiben stehen und reden ein paar Worte miteinander. Heute redet jeder mit jedem. So ein Tag ist das.

Josef Guggenmos

Quint Buchholz: Schneeelefanten

- Der Schnee hat das Dorf verzaubert. Suche aus dem Text heraus, was sich alles unter dem Schnee versteckt hat. Welche Vergleiche hat der Dichter dafür gefunden?

- Erfinde selbst ein Schneedorf oder eine Schneestadt mit neuen Schneewörtern. Erzähle davon in einer Geschichte, allein oder auch mit anderen Kindern.

Gedichte für ein Jahr – Haiku zum Verschenken

ポカポカ陽気の春の庭先
棚にはまだミトン（手袋）が
かかっている

Sonnenwarmer Tag
Am Zaun des Frühlingsgartens
Hängt noch ein Fäustling

Alexandra von Marmu
11 Jahre
Germany

Die schwarzen Schwalben
Nun dort in Reihe sitzen
Wie das so üblich.

Kusadao

Sowohl die Stare
Als auch die Leute rufen:
O diese Kälte!

Issa

Februar

Flocken fallen leicht
Schneemann lacht mit großem Mund.
Winterwunderwelt.

Judy

April

Es donnert und blitzt.
Gräser und Blumen schwanken.
Naturgewalten.

Michel

Wähle mit einem Partnerkind einen Monat aus. Schreibt gemeinsam ein Haiku zu den Besonderheiten dieses Monats. Gestaltet ein Klassenbüchlein mit Haiku-Gedichten für ein Jahr.

Von Tieren und Menschen

Der Fisch

Der Fisch
heißt Wal.
Er ist
nicht schmal,
sonst wär's
ein Aal.

Jürgen Spohn

So kannst du entscheiden, welchen Text du genauer lesen möchtest

→ Schritt 1: einen Überblick über einen Text gewinnen

Du kannst verschiedene Verfahren nutzen:

sich an Überschriften, Bildern oder Hervorhebungen orientieren

Überfliege den Text mit den Augen. Achte auf Überschriften, Bilder und Hervorhebungen.

den Anfang, einige Sätze im Mittelteil, das Ende des Textes lesen

Lies den Anfang, einige Sätze im Mittelteil und das Ende des Textes. Achte auf Wörter, die sich im Text wiederholen.

den ersten und letzten Satz eines Absatzes/Abschnitts lesen

Lies den ersten und letzten Satz eines Absatzes/Abschnitts. Achte auf Wörter, die sich im Abschnitt wiederholen.

→ Schritt 2: sich entscheiden, ob man genauer lesen möchte

Überlege und entscheide dann, ob du genauer lesen möchtest:

- Worum geht es im Text?
- Enthält der Text nützliche Informationen?
- Weckt der Text dein Leseinteresse?

Der Fischer und der Wal

Einmal paddelte ein Fischer betrübt heim. Er hatte kein Glück gehabt und nur zwei Dorsche gefangen. Wie er sich mit seinem Boot dem Land näherte, da sah er an einer Stelle, wo sonst nichts gewesen war als Sand, einen großen Steinblock liegen.
Der Fischer zog seinen Kajak an Land und ging hin, um sich den Stein aus der Nähe zu betrachten. Und da stellte es sich heraus, dass es gar kein Stein war, sondern ein Wal, der auf dem Strand lag und schlief. Sicher war er aus der Tiefe ins seichte Wasser geschwommen, um sich auszuruhen, und während der Wal schlief, hatte ihn die Ebbe überrascht, und so war der Wal auf dem Trockenen gelandet. Der Fischer konnte es kaum fassen. Denn einen Wal zu fangen, konnte man wirklich ein Glück nennen. Schnell lief er zum Boot zurück, um seine Harpune zu holen.
Als er zurückkam und den Wal mit der Harpune erlegen wollte, da wurde dieser munter. „Tötet mich nicht, guter Mann“, bat er. „Es soll gewiss dein Schaden nicht sein.“ Der Fischer erschrak. Und so ließ er die Harpune sinken. „Du wirst es nicht bereuen“, versicherte der Wal. Der Fischer überlegte, ob es nicht falsch gewesen war, auf den Wal zu hören. Einen solchen Fleischberg ins Meer zurückschwimmen lassen, war das nicht Wahnsinn?
Inzwischen kam die Flut, und der Wal verschwand im Meer. Von jenem Tag an war etwas anders. Sooft der Fischer aufs Meer fuhr, nie kehrte er mit leeren Händen heim, selbst wenn die anderen Fischer keinen einzigen Fisch gefangen hatten. Mit seinem Boot war nämlich etwas Seltsames vorgegangen – es fuhr seine eigenen Wege stets dorthin, wo auch die Fischschwärme zogen.
Und so kam der Fischer mit der Zeit zu der Überzeugung, dass das alles nicht mit rechten Dingen zuging. Und es gab dafür nur eine Erklärung: Der Wal hatte sein Versprechen gehalten. Der Fischer behielt sein Geheimnis für sich, und das Jagdglück verließ ihn nie mehr, solange er lebte.

Märchen der Inuit

- Lies den ersten und letzten Satz jedes Abschnitts. Worum geht es?
- Lies den ersten und den letzten Abschnitt. Erkläre, warum der Text ein Märchen ist. Lies im Glossar nach und vergleiche.

Riesen im Ozean

Wale leben im Wasser, haben Flossen und sehen fast wie Fische aus. Aber Wale sind Säugetiere. Sie gebären ihre Jungen lebend und säugen sie mit Muttermilch. Wale können unter Wasser nicht atmen und müssen zum Luftholen regelmäßig auftauchen. Mit den Fischen sind sie nicht eng verwandt: Sie haben weder Kiemen noch legen sie Eier.

Es gibt etwa 80 verschiedene Arten. Man teilt sie in zwei Gruppen: Bartenwale und Zahnwale. Wale mit Zähnen gehen auf Jagd. Sie fressen Fische und größere Meerestiere.

Der gefährlichste Meeresräuber ist der Orca oder Schwertwal. Er wird bis zu 9 Meter lang und 4 Tonnen schwer. Die Rückenflosse der Männchen kann bis zu 2 Meter hoch werden. Schwertwale leben von Fischen, Pinguinen, Robben, Seevögeln und greifen sogar andere Wale an. Sie sind die gefährlichsten Raubtiere der Meere und können in Gruppen sogar Finnwale erlegen.

Wale mit Barten ernähren sich von Plankton, winzigen Meereslebewesen. Mit Hornplatten (Barten), die vom Oberkiefer hängen, filtern sie Wasser oder Sand vom Meeresboden. Wie in einem Sieb bleiben kleine Fische, Krebse, Würmer, Schnecken und Muscheln hängen. Ein Wal, der von kleinen Tieren lebt, muss aber nicht klein sein. Im Gegenteil: Blauwal, Finnwal und Grönlandwal – die Riesen der Meere – sind Bartenwale.

Der Superriese der Meere, der Blauwal, ist das größte Tier, das jemals auf der Erde gelebt hat. Nicht einmal die Dinosaurier waren so groß wie er: Über 30 m lang und 170 Tonnen schwer ist ein ausgewachsener Blauwal. Das entspricht etwa dem Gewicht von 5000 Schulkindern. Allein seine Zunge wiegt so viel wie ein ausgewachsener Elefant. Nur im Wasser konnte sich so ein riesiges Lebewesen entwickeln. Der Blauwal wäre viel zu schwer, um sich an Land zu bewegen. Außerdem gibt es im Meer weniger Hindernisse, mehr Platz und ein reiches Nahrungsangebot.

Lege eine Tabelle über Schwertwal und Blauwal an.
Welche Abschnitte musst du genauer lesen?
Ergänze die Tabelle mithilfe des Textes.

	Schwertwal	Blauwal
Walart		
Nahrung		
Länge		
Gewicht		
Besonderheiten		

Ist der Wal ein Fisch? Vergleiche den Sachtext mit dem Gedicht von Jürgen Spohn auf Seite 83.

- Verfahren zur ersten Orientierung über einen Text nutzen
  gezielt einzelne Informationen suchen

Sams Wal

Das Meer lag spiegelglatt und still – als ruhe es sich aus nach der stürmischen Nacht. Mit jedem Schritt versanken Sams Füße tief im feinkörnigen Sand. Er ging auf dem Kamm der Düne entlang und sah hinunter zu den Klippen und über das Meer. Plötzlich blieb er stehen und starrte auf einen ganz bestimmten Punkt unten am Strand. Da war ein dunkler Hügel auf dem weißen Sand kurz vor dem Rand des Wassers. Er blinzelte angestrengt, um das seltsame Etwas genauer erkennen zu können. Ein Haufen Netze ... der Teil einer Schiffsladung ... ein umgekipptes Boot? Mit einer Hand schirmte er die Augen ab. Als er lange genug hingesehen hatte, erinnerte ihn der dunkle glatte Hügel an etwas. Solche dunklen Hügel hatte er schon einmal gesehen. Es waren die toten Körper von großen Meerestieren gewesen.
Sie hatten sich verirrt, waren an seichte Stellen geraten und schließlich auf den Strand gespült worden. Sam erinnerte sich: Er hatte neben den großen toten Walen gestanden. Er hatte ihre gummiartige, weiß genarbte Haut angefasst. Er hatte sich ein paar Zähne aus den Kiefern der Wale gepult. Er hatte sie poliert und aufbewahrt als seinen Schatz.

Sam rutschte die Düne hinunter und lief über den harten Sand des Küstenstreifens. Die Augen hielt er fest auf den Wal gerichtet, um ganz sicher zu sein. Ein großer ist es nicht, dachte er im Laufen. Vielleicht ein Leitfisch ... Staunend blieb er neben dem Tier stehen.
Der Schwanz und die kleine Rückenflosse, das sah aus wie bei einem Delfin. Der schräg abgeflachte Kopf sah aus wie bei einem Haifisch. Das Tier lag auf der Seite, dort, wo die Brandung auslief. Seine dunkle Haut schimmerte in der Morgensonne. Sam stand im seichten Wasser und beugte sich über den Kopf des Tieres. Da sah er das offen stehende Maul.
„Phooooh!“, staunte Sam und pfiff anerkennend. Auf dem rosa Unterkiefer blitzte eine Reihe leuchtend weißer Zähne. Unvorstellbare Zähne – spitz und scharf, nach innen gekrümmt, klein und vollkommen regelmäßig.
Sam starrte sie an, beeindruckt von ihrer Schönheit. Er hatte sich noch gar nicht beruhigt, da wurde die Stille plötzlich und ohne Vorwarnung von einem heiseren Röcheln, wie von einer Explosion, unterbrochen. Es kam aus dem Kopf des Tieres, und es hörte sich an wie eine Dampfmaschine, wie ein Schnaufen aus einem Albtraum. Sam schnellte zurück, er schrie laut auf, und dann stolperte er gegen die Flosse, die sich anfühlte wie Gummi. Unwillkürlich zuckten seine nackten Füße zurück, er drehte sich um und machte einen Satz weg von dem Tier. Hinter ihm hob sich die große

Schwanzflosse. Er konnte es nicht sehen, aber er spürte es. Sein Herz raste vor Angst. Dann prallte ein schweres Gewicht gegen seinen Rücken und warf ihn mit dem Gesicht nach unten in die Brandung. Sand schürfte seine Wangen, Salzwasser brannte in seiner Kehle.
Auf Händen und Knien kroch er aus dem Wasser. Seine Lungen bebten, seine Gedanken überschlugen sich …
Er lebt … er ist LEBENDIG!
Triefend nass ließ sich Sam in einiger Entfernung in den Sand fallen.
Er atmet, dachte er. Es ist wirklich ein Wal.
Er beobachtete das Tier und wartete auf das nächste Öffnen des Atemlochs, das nächste heiser röchelnde Lufteinsaugen.
Eine Welle ergoss sich über den Rücken des Tieres. Millionen silbrige Wassertropfen rannen über die glatte Haut des Wals.
Die dunkle Flosse zuckte in krampfhafter Anstrengung durch die Luft – dann lag sie wieder reglos im Sand. Sam starrte den Wal an und rührte sich nicht vom Fleck. Und auf einmal begriff er, dass das große Tier Angst hatte, dass es seinen schweren Körper vom kratzenden Sand heben, dass es frei sein wollte.

Er musterte die blendend weißen Zähne. Diese Zähne, stellte Sam sich vor, die würden den Tintenfischen Angst einjagen tief unten im dunklen Meer. Vorsichtig näherte er sich wieder dem Wal und sah in das große ruhige Auge. Es war ein dunkles, geheimnisvolles Auge. Das andere, überlegte Sam, war eingeklemmt, vom eigenen Gewicht des Tieres auf den Sand gepresst. Der Wal lag ganz regungslos da, kleine Wasserpfützen umspülten ihn. Der glatte runde Rücken war schutzlos der Sonne ausgesetzt.
Du bist in Schwierigkeiten, dachte Sam.
Dann erinnerte er sich an die toten Wale, die er im vergangenen Herbst an der Nordküste gesehen hatte. Tellergroße Blasen waren auf ihren Rücken zu sehen gewesen.
Er sah zur Sonne hinauf, die allmählich am Himmel höher kletterte. Sein Mund war ganz ausgetrocknet. Auch er verspürte schon Durst. Mit aneinandergelegten Händen schöpfte er Wasser und ließ es über den Walkörper tröpfeln. Das Zucken einer Flosse antwortete auf das kühle Nass. Die feuchte Haut glänzte in der Sonne. Sie war glatt und sauber. Keine Spur von Krankheiten oder Verletzungen.
Sam ging um den Körper herum und besah sich den bleichen Bauch. Auch hier war keine Wunde zu sehen. Er ging zum Auge zurück und goss vorsichtig Wasser darüber.
„Komm ... das wird dir gut tun“, sagte er beruhigend. Seine Schulter tat weh, und die Arme wurden ihm schon lahm vom vielen Wasserschöpfen. Und das Wasser verdunstete so schnell.
Er riss eine Hand voll Seetang aus und breitete ihn über den Rücken des Wals. Immerhin wurden so ein paar Stellen der Haut vor der brennenden Sonne geschützt. Sam machte sich daran, ganze Arme voll grüngoldenem Seetang zu sammeln. Schon bald umgab ihn ein beißender Geruch. Wolken winziger Insekten umschwärmten sein Gesicht.
Das große ruhige Walauge lugte durch den feuchten Seetang, während der Junge den wirren Vorhang aus Grünzeug über das Tier häufte. Als er endlich fertig war, ließ er sich erschöpft am Rand der Brandung nieder.

Katherine Scholes

- Betrachte die Illustration auf Seite 89. Schreibe in eine Gedankenblase, was Sam oder der Wal denken könnten. Ordne sie zu.
- Wähle einen Abschnitt aus und übe ihn so zu lesen, dass du die jeweilige Stimmung Sams beim Lesen ausdrückst.

Walstrandung

Kinderspiegel - Microsoft Internet Explorer bereitgestellt von Cornelsen Verlag

http://www.tagesspiegelkinder.de/archiv/

Datei Bearbeiten Ansicht Favoriten Extras ?

Kinderspiegel

DER KINDERSPIEGEL

Archiv | Dr. Wewetzer | Lesen, Hören, Sehen | Tipps | Wer bist du?

Homepage > Archiv suchen >>

Dr. Wewetzer Aktuell

Welches ist die giftigste Pflanze?

Antwort lesen

Frage der Woche

Wer wird Fußball-Weltmeister?

- Argentinien
- Brasilien
- Deutschland
- Italien
- Spanien
- England
- Niederlande

Archiv!

Suchergebnisse

So viele Artikel haben wir gefunden: 1
Hier siehst du Artikel 1 bis 1:

Warum **stranden Wale**?

immer gibt das **Stranden** der **Wale** Rätsel auf. Nur in der Hälfte der Fälle kann man eine Ursache finden. Häufig ist es eine Verletzung durch Schiffe oder Haie. Auch Krankheiten …

Lest hier den ganzen Artikel!

Start | Posteingang - Microsoft … | Kinderspiegel - Micro…

Lest hier den ganzen Artikel!

… können ein Grund sein, etwa eine Lungenentzündung oder giftige Algen, die sich manchmal stark vermehren und dann die Tiere in Gefahr bringen. Manche Leute glauben, dass die Geräusche der Sonartechnik, mit der Schiffe geortet werden können, die Wale in Gefahr bringen. Das sei aber bisher nicht bewiesen, sagen Walexperten. Auch ist nicht bekannt, ob die Zahl der gestrandeten Tiere wirklich zunimmt oder ob die Küste nur genauer beobachtet und häufiger davon berichtet wird.

Mehr als hundert Wale gestrandet und verendet

Wenige Tage nach der dramatischen Wal-Strandung in Australien sind auf einer abgelegenen neuseeländischen Inselgruppe mehr als hundert Grindwale verendet. Tierschützer mussten auch acht überlebende Meeressäuger töten.

Spiegel-online, 27.03.2009

Unter Walstrandung versteht man das unbeabsichtigte Auflaufen eines Wals auf den Strand oder eine Untiefe. Am bekanntesten sind dabei Massenstrandungen von Grind- und Pottwalen. Die Ursachen von Walstrandungen sind bis heute noch nicht ausreichend geklärt.

(Wikipedia)

- In welchem der drei Texte findest du Informationen zu Ursachen für Walstrandungen? Begründe deine Entscheidung.
- Welche Information ist für dich besonders interessant?

Sechsmal Wal-Wörter?

 zertanz

 purgisnacht

 ze

Ver  tung

 nuss

be  det

W-Zungenbrecher

Weiße wilde Wale würden Watschelenten wiegen,
wenn weiße wilde Wale wüssten,
wo Watschelenten wohnen.

Doppelgänger gesucht

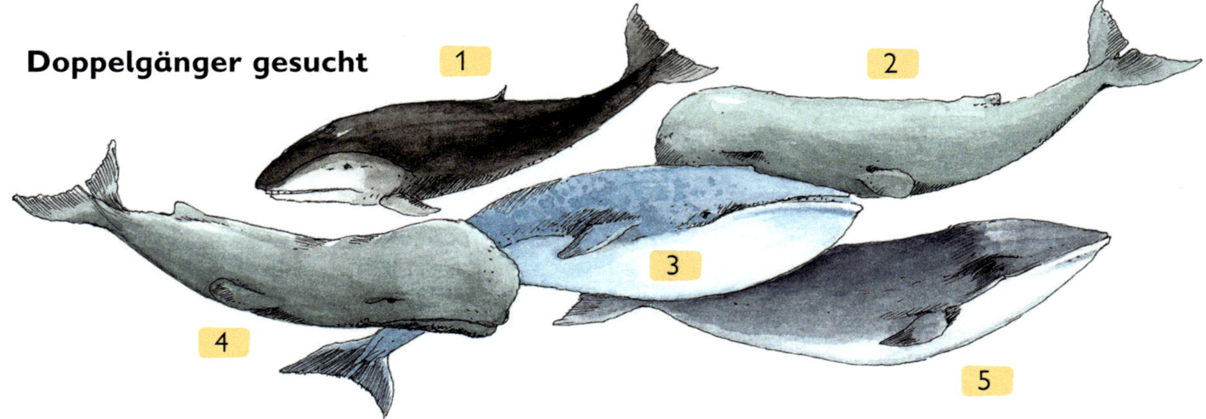

Wie oft steckt das Wort Wal im Text? 8 9 10

Onkel Walter und Tante Wally laufen gern durch Wald und Flur. Gestern spazierten sie mit ihrem Dackel Waldemar eine Stunde lang durch unseren Eichenwald. Waldi schnupperte immer mit seiner Nase auf dem Waldboden entlang. Dort entdeckte er einen Bau der Waldameisen. Dabei bellte er sogar eine Waldmeister-pflanze an. Vor Schreck flog eine junge Schwalbe weg.

Lösungen S. 196

Welche Antwort passt?

1	Wie alt werden Wale?	A	Der Wal sendet Töne aus. Treffen sie auf ein Hindernis, kommen sie als Echo zurück.
2	Können Wale singen?	B	Die dicke Fettschicht wärmt wie ein Mantel.
3	Warum stoßen Wale Wasserfontänen aus?	C	Blauwale leben 120 Jahre, große Tümmler werden 35 Jahre alt.
4	Warum frieren Wale nicht?	D	Beim Ausatmen stößt der Wal die Luft aus der Lunge. Die Wasserfontänen entstehen durch Ausatmen von Restwasser.
5	Warum finden sich Wale im dunklen Wasser zurecht?	E	Walgesänge nennt man die Laute, mit denen sich die Wale unterhalten.

Treffen sich ein Walfisch und ein Thunfisch.
Sagt der Walfisch: „Was sollen wir tun, Fisch?“
Antwortet der Thunfisch: „Du hast die Wahl, Fisch.“

Welche Walart gibt es nicht?

Grauwal

Grünwal

Blauwal

Wichtige Walwörter

Blasloch Walstrandung Echolotpeilung Harpune
Barten Parasit Untiefe Blubber Finne

Der Walfisch

Der Walfisch ist kein Schoßtier,
Er ist ein viel zu groß Tier.
Er misst zweihundert Ellen
Und macht gewaltige Wellen.
Er redet nicht, er bellt mehr.
Er stirbt von keinem Schuss.
Er rudert durch das Weltmeer
Als Flossenomnibus.

Ein Zaun sind seine Zähne,
Die Nase ne Fontäne,
Der Schwanz sogar ein Plättbrett.
Aus seinem Leib man Fett brät.
Das Wasser kräuselt bläulich
Sich um den schwarzen Kloß.
Der Walfisch ist abscheulich
Groß.

Peter Hacks

Übergewicht

Es stand nach einem Schiffsuntergange
eine Briefwaage auf dem Meeresgrund.
Ein Walfisch betrachtete sie bange,
beroch sie dann lange,
hielt sie für ungesund,
ließ alle Achtung und Luft aus dem Leibe,
senkte sich auf die Wiegescheibe
und sah – nach unten schielend – verwundert:
Die Waage zeigte über hundert.

Joachim Ringelnatz

- Wie gefallen dir diese Texte? Begründe.
- Wählt ein Gedicht aus. Während eine oder einer den Text laut vorträgt, versucht der Partner genau das, was er hört, zu spielen.

eigene Gedanken zu Texten entwickeln, zu Texten Stellung nehmen, handelnd mit Texten umgehen

Käpt'n Blaubärs Walgeschichten

Der Schrei des Wals

„Jetzt hört aber mal auf zu schreien", mahnt Käpt'n Blaubär seine Enkel, „das hält ja kein Stockfisch aus! Und so laut wie die Wale könnt ihr sowieso nicht schreien. Ja, Wale schreien unter Wasser, das könnt ihr mir glauben, und zwar so laut, dass man die Schreie 850 Kilometer weit hören kann. Tja, das schafft ihr nie", lacht Käpt'n Blaubär.
Ist die Geschichte wahr oder unwahr?

Blaue Milch

„Trinkt brav eure Milch', sagt Käpt'n Blaubär zu seinen Enkeln, „damit ihr so groß und blau werdet wie ich. Dabei ist Milch ja weiß. Aber es gibt auch Säugetiere, die geben blaue Milch. Der Blauwal zum Beispiel, der gibt dunkelblaue Milch, darum heißt er ja auch Blauwal."
Ist die Geschichte wahr oder unwahr?

Blauwalmilch

„Milch ist gesund", sagt Käpt'n Blaubär zu seinen Enkeln, „also müsst ihr jeden Morgen ein Glas trinken. Davon wird man groß und stark. Denkt mal an die Blauwale. Ein Blauwalbaby bekommt jeden Tag von seiner Mutter 500 Liter Milch. Jeden Tag wächst es um fünf Zentimeter und wird schließlich das größte Tier der Welt."
Ist die Geschichte wahr oder unwahr?

Der haarige Wal

„Natürlich leben auch im Meer Tiere, die Haare am Körper haben", erzählt Käpt'n Blaubär, „denkt doch nur einmal an die Seehunde oder die Wollhandkrabben. Es gibt sogar einen Wal, der einen feinen Pelz trägt: der in der Beringsee lebende Nordpazifische Zwergwal. Vor 100 Jahren wurde er unerbittlich gejagt, denn für sein Fell wurden die stolzesten Preise gezahlt."
Ist die Geschichte wahr oder unwahr?

- Lies die Geschichten. Welche ist wahr, welche unwahr? Begründe.
- Erfinde selbst eine Wahr- oder Unwahrgeschichte zum Wal. Gestaltet gemeinsam eine Lesekartei oder ein Geschichtenbuch.

Whale-Watching

Wale üben eine große Faszination auf Menschen aus. Deshalb werden die Wale gern vom Boot aus beobachtet. Die Walbeobachter (englisch: Whale-Watcher) beobachten vor allem Grauwale im Pazifik, Blauwale im Nordatlantik, Glattwale vor Südafrika oder Buckelwale vor der Küste von Australien.

Wenn man Wale beobachten will, sollte man auf folgende Hinweise achten:

Hinweis	mögliche Beobachtung
Blas eines Großwals	Hier taucht gleich ein Wal auf. Er stößt gerade seine verbrauchte Atemluft aus.
weiße Schaumkronen, die immer an der gleichen Stelle auftauchen	Sie werden von einer Schule schnell ziehender Delfine oder anderer Zahnwale verursacht.
„Splash“	Es wird von springenden Delfinen, die auf den Rücken fallen, erzeugt.

Schutz der Wale bei Walbeobachtungen.
Immer mehr Länder haben zum Schutz der Wale Gesetze zum Whale-Watching erlassen.
Darin geht es z.B. um:
- Einhaltung eines Mindestabstandes (ca. 100 m)
- Festlegung der Anzahl der Boote (max. 3 in 300 m Umkreis)
- Einhaltung der Höchstdauer der Beobachtung (ca. 30 min)
- Verpflichtung zu niedriger Geschwindigkeit
- Verbot von schnellen Richtungsänderungen

Stellt gemeinsam ein Glossar zum Thema Wale zusammen. Nutzt nicht nur diese Seite, sondern das ganze Kapitel.

Kreuz und quer durch unser Land

Rätsel aus Deutschland

Das eine kennt die Oder nicht,
das andre nicht den Main,
und nennt man Main und Oder nicht,
kann's jedes sein.

Reiner Kunze

Das solltest du über Diagramme wissen

→ Schritt 1: verschiedene Arten von Diagrammen kennen

- das Säulendiagramm

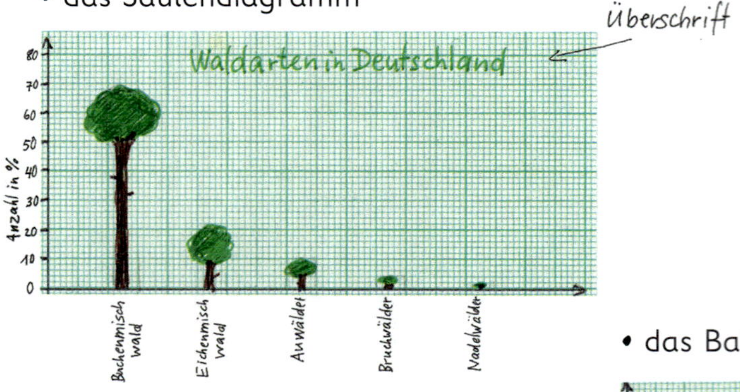

Überschrift

Waldarten in Deutschland

Anzahl in %

0 10 20 30 40 50 60 70 80

Buchenmisch wald

Eichenmisch wald

Auwälder

Bruchwälder

Nadelwälder

Ein Diagramm ist eine grafische Darstellung von Daten oder Informationen.

- das Balkendiagramm

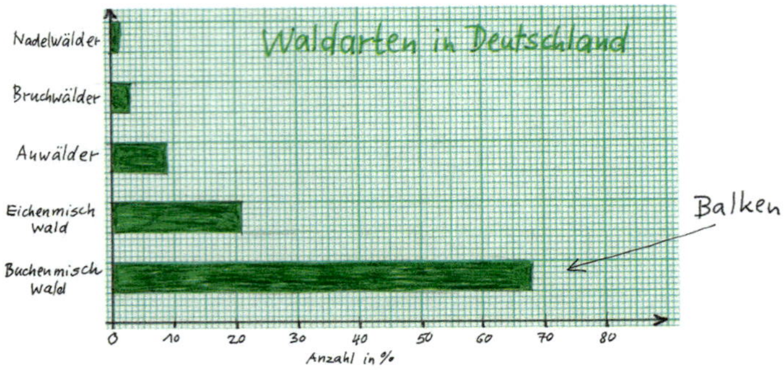

Waldarten in Deutschland

Nadelwälder

Bruchwälder

Auwälder

Eichenmisch wald

Buchenmisch wald

Balken

0 10 20 30 40 50 60 70 80

Anzahl in %

- das Kreisdiagramm

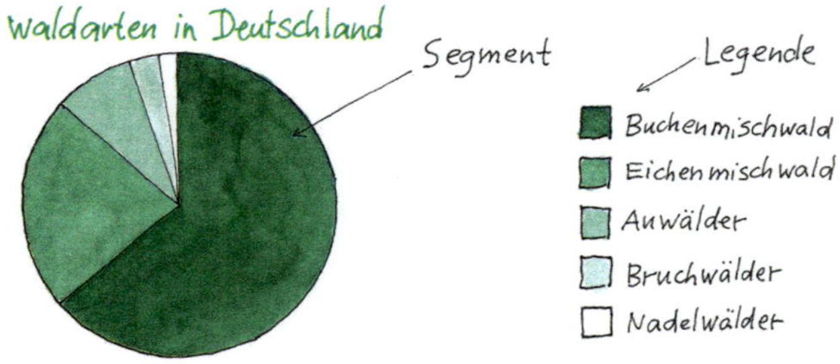

Waldarten in Deutschland

Segment

Legende

Buchenmischwald

Eichenmischwald

Auwälder

Bruchwälder

Nadelwälder

→ Schritt 2: Informationen in einem Diagramm ermitteln

Benenne die Art des Diagramms.
Finde das Thema des Diagramms heraus.
Orientiere dich an Überschriften oder der Legende.
Beschreibe den Aufbau:

- Aus welchen Teilen besteht das Diagramm?
- Was bedeuten die Teile?
- Wie hängen sie zusammen?

Vergleiche die Angaben im Diagramm: Formuliere dazu Aussagen.

- Finde den höchsten und niedrigsten Wert.
- Finde gleich große oder ähnliche Werte.

16 Bundesländer – das ist Deutschland

Von 1949 bis 1990 bestand Deutschland aus zwei Staaten: der Bundesrepublik Deutschland (BRD) im Westen und der Deutschen Demokratischen Republik (DDR) im Osten.
Doch am 3. Oktober 1990 vereinigten sie sich wieder zu einem gesamtdeutschen Staat.
Aus der ehemaligen DDR wurden fünf neue Bundesländer, die mit den zehn alten Bundesländern und dem Land Berlin als Bundeshauptstadt die Bundesrepublik Deutschland bilden.

Einwohner der Bundesländer in Deutschland

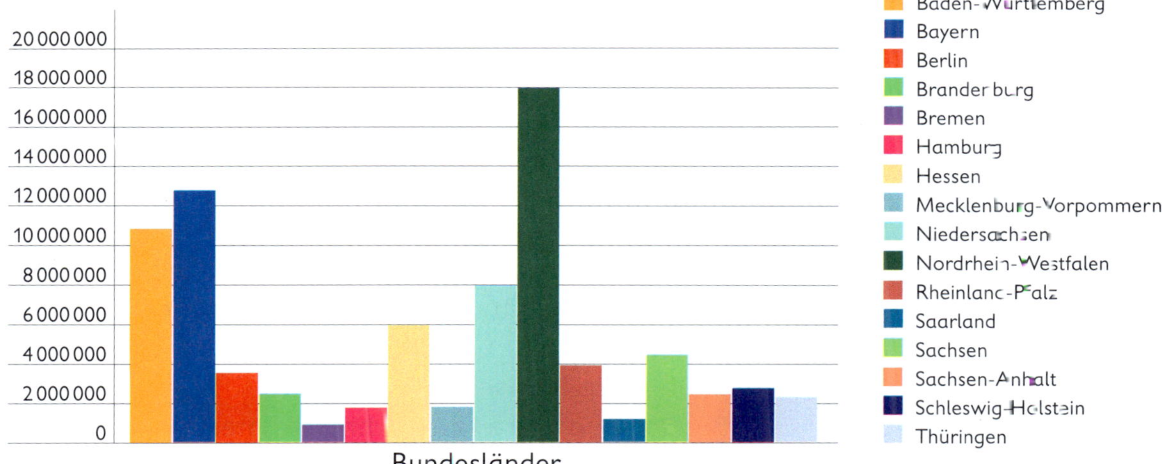

- Benenne die Art des Diagramms.
  Um welches Thema geht es?

- Finde den höchsten und den niedrigsten Wert im Diagramm.
  Formuliere eine Aussage.

Sehenswürdiges

A

1 Thüringen

Die Wartburg wurde zum ersten Mal um 1080 auf einem Bergfelsen oberhalb der Stadt Eisenach errichtet. Von 1211 bis 1227 lebte hier die Heilige Elisabeth. Auch Martin Luther lebte von 1521 bis 1522 auf der Burg und übersetzte dort einen Teil der Bibel ins Deutsche. Die Wartburg ist eine der meistbesuchten Burgen in Deutschland.

B

2 Schleswig-Holstein

In der Seehundstation Friedrichskoog erfährt man allerlei Wissenswertes über Seehunde, Robben und auch Schweinswale. Hier werden die von ihren Seehund-Müttern verlassenen Heuler wieder aufgepäppelt, bis sie zurück in die Nordsee gebracht werden können. Sie sind noch zu klein, um allein zu überleben.

C

3 Nordrhein-Westfalen

Der Kölner Dom ist schon 750 Jahre alt und immer noch ein beliebtes Reiseziel für Touristen in Deutschland. Die Kirche hat zwei hohe Türme und sehr viele schöne Glasfenster. Die beiden Türme sind 157 m hoch und man kann über 533 Stufen bis zu den Spitzen hinaufklettern. Wenn ihr einmal da seid, könnt ihr ja nachzählen!

D

4 Freie Hansestadt Bremen

Haben die Bremer Stadtmusikanten eigentlich jemals die Stadt Bremen erreicht? Wenn du es nicht weißt, dann lies im Märchen nach. Jedenfalls ist ihnen neben dem Rathaus in Bremen ein schönes Denkmal errichtet worden.

5 Mecklenburg-Vorpommern

Hiddensee ist eine kleine Insel in der Ostsee. Ihre Form ähnelt einem Seepferdchen. Die Insel ist rund 18 km lang. An der schmalsten Stelle ist sie nur 200 m breit.
Auf Hiddensee gibt es keinen Auto-Verkehr. Nur der Arzt, Polizei, Feuerwehr und Post oder Schulbus haben eine Fahrgenehmigung. Alle anderen fahren Fahrrad oder benutzen Pferdefuhrwerke. Die Schule liegt nur wenige Schritte vom Strand entfernt. Deshalb können die Kinder im Sommer Sportunterricht am Strand machen.

Besucherzahlen der Sehenswürdigkeiten im Jahr

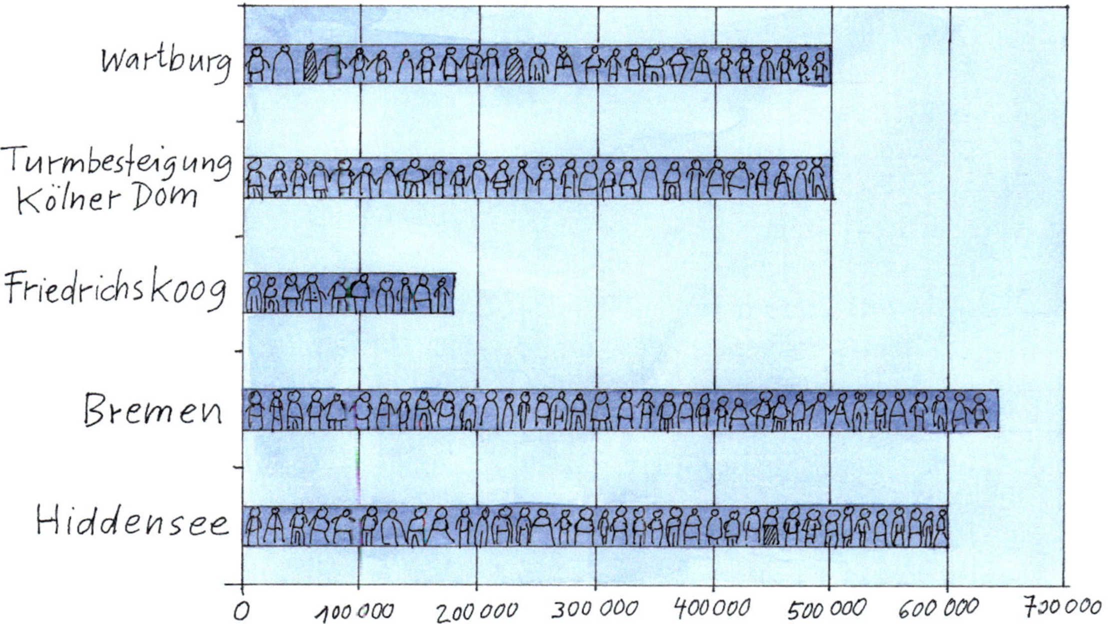

- Lies die Texte genau. Ordne ihnen die passenden Bilder zu.
- Was haben die Informationstexte und das Diagramm gemeinsam?
  Was ist das für ein Diagramm?
  Welche Information aus dem Diagramm findest du besonders interessant?

Sagenhaftes

Das Pagenbett auf dem Königstein

Auf der weltberühmten Festung Königstein befindet sich hinter der Friedrichsburg das sogenannte Pagenbett. So benennt man ein schmales, kaum eine Elle breites Gesims der äußeren Festungsmauer. Warum hat diese Stelle einen solchen Namen? Karl Heinrich von Grunau, Leibpage des auf der Festung weilenden Kurfürsten Johann Georg II., speiste und zechte am 12. August 1675 als Letzter in der Friedrichsburg. In seiner Trunkenheit stieg er zur Nachtzeit zu einer Schießscharte hinaus, legte sich auf den schmalen Felsabsatz und schlief ein. Am nächsten Morgen wurde er gefunden. Man warf sogleich ein Seil um ihn, sodass er vor dem Herabstürzen in die Tiefe gerettet wurde. Sodann weckte man ihn auf Befehl und im Beisein des Kurfürsten mit Trompetengeschmetter und Paukenwirbel aus seinem Schlummer. Seitdem nennt man diese gefährliche Schlafstelle des Pagen das Pagenbett.

Sage aus Sachsen

Die Sage von der Rosstrappe

Der gewalttätige Riese Bodo hatte das Fräulein Emma geraubt und wollte es zur Heirat zwingen. Emma hoffte nun, dass ihr Verlobter sie befreien würde.
Eines Tages, als Bodo unter einem Baum schlief, trat Emmas Verlobter aus dem Gebüsch. Er befreite seine Geliebte und sie flohen mit dem Pferd des Riesen. Als sie davongaloppierten, erwachte der Riese, sprang auf und lief wutheulend hinter den Fliehenden her. Die beiden flüchteten in den Harz, konnten aber immer noch den Riesen hinter sich hören. So ging es über Berge und Täler, bis sie plötzlich auf dem Hexentanzplatz nicht weiterkonnten; vor sich die breite Schlucht mit dem rauschenden Strom in der Tiefe, hinter sich das Wüten des Verfolgers. Da trieben Emma und ihr Verlobter das Ross des Riesen an. Das Tier wagte den Sprung und erreichte den gegenüberliegenden Felsen. Den Huf hatte es fußtief in die Klippe gedrückt. Das ist die Rosstrappe. Bodo versuchte, sinnlos vor Wut, den gleichen Sprung zu tun, aber er stürzte in den Fluss, der seitdem Bode genannt wird.

Sage aus Sachsen-Anhalt

Der Rattenfänger von Hameln

Im Jahr 1284 soll sich in der Stadt Hameln Folgendes zugetragen haben: Die Einwohner hatten schwer mit einer Rattenplage zu kämpfen. Da kam ein unbekannter Mann in die Stadt und versprach gegen Lohn die Stadt von der Plage zu befreien. Er pfiff auf einem Pfeifchen, und sogleich kamen aus allen Häusern sämtliche Ratten hervorgekrochen. Sie sammelten sich um den Rattenfänger und folgten ihm an die Weser, stürzten hinein in den Fluss und ertranken.
Als der Rattenfänger nach getaner Arbeit seinen Lohn verlangte, verweigerten ihm diesen aber die Bürger, und er verließ verbittert und zornig die Stadt. Doch alsbald erschien er wieder und ließ seine Pfeife in den Gassen hören. Doch dieses Mal folgten ihm nicht Ratten, sondern alle Kinder der Stadt. Der Rattenfänger führte sie hinaus vor die Stadt in einen Berg, und dort verschwand er mit ihnen für immer.

Sage aus Niedersachsen

Wie der Spreewald entstand

Der Teufel pflügte mit seinem Gespann in der Eiszeit das Bett der Spree. Doch nach einem Gutteil der Strecke machten die Ochsen schlapp und lagen müde in den Riemen. Der Teufel zischte wütend: „Euch soll meine Großmutter holen!“ Das giftige Fauchen schreckte die Ochsen auf. Sie ergriffen die Flucht und zogen dabei den Pflug die Kreuz und die Quer hinter sich her.
So entstand das Netz der 330 großen und kleinen Wasserarme, der Spreewald von Brandenburg.

Sage aus Brandenburg

- Was haben die Texte gemeinsam? Was unterscheidet sie?
- Lies im Glossar nach, was eine Sage ist.
  Erkläre an einem Text auf dieser Seite, warum er eine Sage ist.

- Unterschiede und Gemeinsamkeiten von Texten finden
  bei Verständnisschwierigkeiten Verstehenshilfen anwenden

AH S. 26, S. 27

Kiek mal, Berlin ...

Hauptstadt Deutschlands

Berlin ist die größte Stadt Deutschlands und seit 1991 wieder Hauptstadt des viele Jahre geteilten Landes.
Die gläserne Kuppel befindet sich auf dem renovierten Reichstagsgebäude, in dem das deutsche Parlament tagt. Auf die Aussichtsplattform der Kuppel können Besucher über eine Rampe gelangen. Sie windet sich wie eine Schnecke an der Glaswand entlang.

Ganz schön bunt hier

In Berlin leben Menschen aus über 180 Staaten der Erde. Sie kommen aus allen Teilen der Welt. Einmal im Jahr gibt es ein großes Fest: den Karneval der Kulturen. Bei dem Umzug zeigen Menschen aus vielen Ländern, wie bei ihnen gefeiert, getanzt und gesungen wird. Berlin wird auch gern als Weltstadt bezeichnet.

Gute Aussicht

Der Fernsehturm ist Berlins höchstes Bauwerk. Bis zur Antennenspitze misst er 368 m. In seine silberne Kugel gelangt man mit dem Aufzug. Man kann die Aussichtsplattform oder das Restaurant besuchen. Das Restaurant dreht sich in einer Stunde einmal um sich selbst. Hier hat man bei guter Sicht die beste Aussicht auf Berlin.

Wasserstadt Berlin

Flüsse, Kanäle und Seen bedecken einen großen Teil der Stadtfläche. Großen Spaß macht zum Beispiel eine Dampferfahrt auf dem Müggelsee, auch Berlins „größte Badewanne" genannt.

Kiesgrube

Du bist
sehr erholsam
ganz groß
sehr schön
überall ist es grün
sehr ruhig

Wenn ich bei dir bin
dann
bin ich glücklich
spiele ich
träume ich vor mich hin
liege ich auf der Wiese
renne ich

Du bist mein liebster Platz in Berlin.

Vivian, 11 Jahre

Berlin

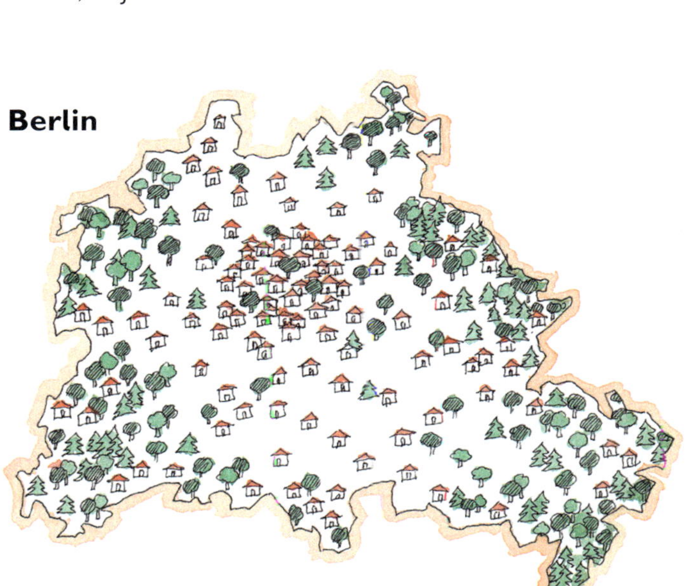

- Warum wird Deutschlands Hauptstadt auch grünes Berlin genannt?
- Suche weitere Informationen über Berlin unter **www.berlin.de**.
  Stelle sie in der Klasse vor.

Berühmte Deutsche

Michael Ballack Dirk Nowitzki Angela Merkel
Cornelia Funke Lukas Podolski
Sebastian Vettel Brüder Grimm

Akrostichon

— RANDENBURGER TOR
— ISBÄR KNUT
— EICHSTAG
— ITFASSSÄULE
— CKE
— ATURKUNDEMUSEUM

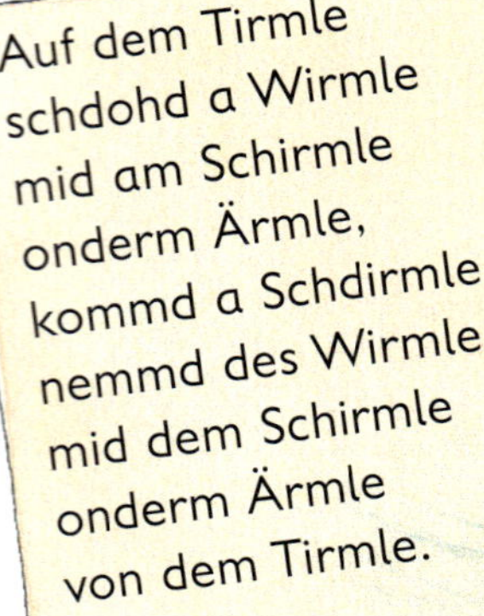

Auf dem Tirmle
schdohd a Wirmle
mid am Schirmle
onderm Ärmle,
kommd a Schdirmle,
nemmd des Wirmle
mid dem Schirmle
onderm Ärmle
von dem Tirmle.

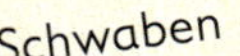

Schwaben

„Haben Sie deutsche Äpfel?“ –
Wollen Se mit die Äppel reden,
oder wollen Se se essen?

Berlin

„Die goldene Luft“ zu Mainz

Zu Mainz ist eine Straße, die heißt „Die goldene Luft“.
Das kommt daher: Bei einer Pest war ganz Mainz von der tödlichen
Krankheit. Und weil man das der gesunden Luft in jener Gegend
zuschrieb, hat die Gasse den Namen „Die goldene Luft“ bekommen als
Seuche angesteckt, nur in einer einzigen Gasse starb niemand an der
ewiges Erinnerungszeichen.

Sage aus Rheinland-Pfalz

Lösungen S. 196

Wenn ein Kind aus dem Saarland sagt:
„Dabberdummeldisch!
Dahemm gifdet heit Grumbeerkieschelscher“,
dann meint es:

Beeil dich! Zu Hause gibt es
heute Kartoffelpuffer.

Aus einem sächsischen Wörterbuch

Dunnsl *dorr* dummer Kerl
Dussl *dorr* Dussel
Dussldier *'s* Dusseltier
dussln ruhen; träumen; ***lasse midussln*** lass mich ruhen
chämah nochä bissl dussln lass mich mal noch ein wenig ruhen

E

eechndlich eigentlich
eefach einfach
éega ständig; dauernd
éendeench eintönig
éene eine *(als betontes Zahlwort)*
éenorr einer *(als betontes Zahlwort)*
eens egal; ***forr mich's eens, mihr's eens*** mir ist das egal

94

eens, zweeje, dreije eins, zwei, drei
eenzch einzig
Eesdreichorr *dorr* Österreicher
effdorrsch öfters
Eggsdahse *dä* Ekstase
Ehgl *'s* Ekel unsympathischer Mensch
Ehglbagehd *'s* (= *Ekelpaket*) unsympathischer, ekliger Mensch
Ehmorr *dorr* Eimer; ***bringemah 'n Ehmorr*** bring mal einen Eimer her → ***Ämmorr***
Ei forrbibbch! Na, so was aber auch!
eich euch
einsaggn einpacken; einsacken
einschdreichn kassieren; an sich nehmen; ***ich mussämah noch meine Biebm einschdreichn*** ich

95

In Brandenburg und in Sachsen leben viele Sorben. In diesen Regionen gibt es zweisprachige Ortsschilder. Welche zwei gehören zusammen?

Vetschau	Nowe Město
Trebendorf	Wětešow
Spreetal	Trjebin
Neustadt	Šprejwiny Dol

Vetschau
Wětešow
Oberspreewald-Lausitz

Sächsische Wörter

Laadschen
Mudschegiebschn
Rämmfdl
Bemme
Fliescher
Rennsämmeln
Griebsch

Lösungen S. 196

Wissenswertes

Der höchste Berg Deutschlands ist die Zugspitze. Er gehört zum Wettersteingebirge und ist 2963 m hoch. Dort liegt die höchste deutsche Wetterstation. Auf die Zugspitze fahren eine Zahnrad- und eine Seilschwebebahn.

Bayern

Der Flughafen von Frankfurt am Main ist der größte Flughafen Deutschlands und einer der bedeutendsten Flughäfen der Welt. Fast 50 Millionen Passagiere sieht der Flughafen jährlich. Flughafen-Information: **www.Frankfurt-airport.de**

Hessen

Den höchsten Kirchturm der Welt besitzt das gotische Ulmer Münster. Es wurde von 1377–1543 erbaut. Der Turm ist 161 m hoch. 768 Stufen führen auf den 1890 vollendeten Turm.

Baden-Württemberg

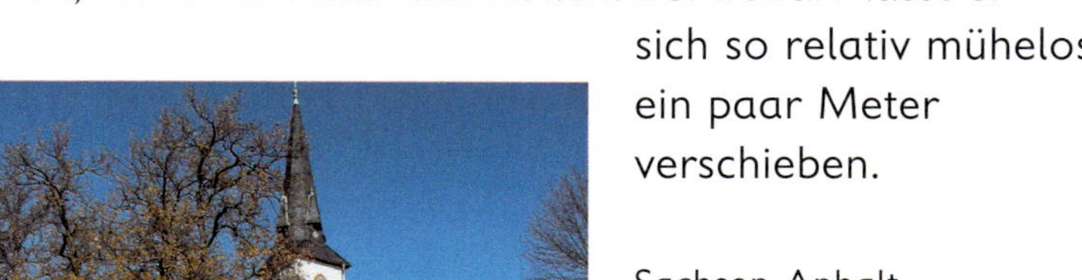

Die kleinste Kirche Deutschlands liegt in Elend im Harz. Sie bietet nicht einmal 100 Besuchern Platz. Um dem Platzmangel zu Weihnachten und bei anderen Gelegenheiten zu begegnen, steht der Altar auf Rollen. Bei Bedarf lässt er sich so relativ mühelos ein paar Meter verschieben.

Sachsen-Anhalt

Der Hamburger Hafen ist „Deutschlands Tor zur Welt“. Er gehört zu den größten Hafenanlagen der Erde, obwohl er 100 km vom offenen Meer entfernt ist. Grund genug, um jährlich um den 7. Mai herum den Hafengeburtstag zu feiern. Eine wichtige Geburtstagsattraktion ist jedes Jahr das Schlepperballett. Wirklich wahr: Zum Hafengeburtstag tanzen die Schlepper auf der Elbe. 2009 feierte Hamburg den 820. Geburtstag seines Hafens.

Hansestadt Hamburg

Rügen ist mit 926,4 Quadratkilometern Deutschlands größte Insel. Sie ist seit 10 000 Jahren bewohnt und landschaftlich sehr vielfältig. Berühmt sind die Kreidefelsen des Königsstuhls.

Mecklenburg-Vorpommern

In der Mark Brandenburg leben die schwersten flugfähigen Vögel der Welt: Höckerschwan und Großtrappe. Sie werden bis zu 15 kg schwer.

Brandenburg

Der Thüringer Wald
befindet sich in der Mitte Deutschlands. Auf Grund seiner Lage wird er auch als grünes Herz Deutschlands bezeichnet. Dort findet jedes Jahr im Mai Europas größter Cross-Lauf statt. Um die 15 000 Menschen jeden Alters laufen mit. Die Strecke führt über den Rennsteig, den berühmten und beliebten Wanderweg im Thüringer Wald.

Thüringen

- Vergleiche die Texte. Was haben die Texte gemeinsam?
- Finde für die einzelnen Texte Überschriften.

Unterschiede und Gemeinsamkeiten von Texten finden
zentrale Aussagen eines Textes erfassen und wiedergeben

Weitere Rätsel aus Deutschland

Es hat sechs Beine, kann aber nicht gehen. Alle, die nach Berlin kommen, wollen es unbedingt sehen. Am liebsten spazieren sie dann zwischen seinen langen Beinen hindurch.
Wie heißt das berühmte Bauwerk?

Vanessa

Unsere Stadt heißt wie ein Märchen. Neben dem Rathaus wurde ein Denkmal errichtet. Das sind unsere Tipps. Mal sehen, ob ihr herausfindet, wie unsere Stadt heißt.

Clara und Joe

Es ist ein Schloss.
Es wird „Burg des Märchenkönigs“ genannt.
Es steht in Bayern.
Im Namen kommt ein Vogel vor.
Wie heißt das Schloss?

Mirjam

Unsere Insel ist nur 18 km lang und an der dünnsten Stelle 200 m breit. Ihre Form ähnelt einem Seepferdchen. Auf dieser Insel gibt es keinen Auto-Verkehr. Im Sommer können wir Sportunterricht am Strand machen.

Ruben und Marie

- Schreibt in der Klasse eigene Deutschlandrätsel. Nutzt dazu die Informationen aus dem Kapitel.

Seltsames und Interessantes

Fisches Nachtgesang

—
◡ ◡
— — —
◡ ◡ ◡ ◡
— — —
◡ ◡ ◡ ◡
— — —
◡ ◡ ◡ ◡
— — —
◡ ◡ ◡ ◡
— — —
◡ ◡
—

Christian Morgenstern

So kannst du wichtige Aussagen in einem Text erfassen und wiedergeben

→ **Tipp 1: passende Zwischenüberschriften formulieren**
Überlege, welche Überschriften zu den einzelnen Textabschnitten passen.
Schreibe sie auf einzelne Papierstreifen.
Lege die Überschriften über die Abschnitte.
Prüfe, ob sie wirklich passen.

> Der Vater reitet auf dem Esel.

→ **Tipp 2: die Botschaft im Text finden**
Suche zuerst, ob am Ende des Textes eine Botschaft steht.
Wenn du nichts findest, mache dir eigene Gedanken.
Denke darüber nach, warum der Autor den Text geschrieben hat.

Im letzten Abschnitt steht:

> „So weit kann's kommen, wenn man es allen Leuten recht machen will."

Manchmal lässt sich die Botschaft nicht direkt im Text finden. Dann muss man kombinieren.

→ **Tipp 3: die wichtigen Aussagen im Text selbst formulieren**
Formuliere die wichtigen Aussagen mit eigenen Worten.
Du kannst auch Textstellen benutzen.
Überlege, ob du ähnliche Erfahrungen gemacht hast.

Seltsamer Spazierritt

Ein Mann reitet auf einem Esel nach Hause und lässt seinen Jungen zu Fuß nebenherlaufen. Kommt ein Wanderer und sagt: „Das ist nicht recht, Vater, dass Ihr reitet und lasst Euren Sohn laufen. Ihr habt stärkere Glieder.“
Da stieg der Vater vom Esel herab und ließ den Sohn reiten.

Kommt wieder ein Wandersmann und sagt: „Das ist nicht recht, Bursche, dass du reitest und lässt deinen Vater zu Fuß gehen: Du hast jüngere Beine!“
Da saßen beide auf und ritten eine Strecke.

Kommt ein dritter Wandersmann und sagt: „Was für ein Unverstand; zwei Kerle auf einem schwachen Tier! Man sollte euch beide hinabjagen!“
Da stiegen beide ab und gingen zu dritt zu Fuß: rechts der Vater, links der Sohn und in der Mitte der Esel.

Kommt ein vierter Wandersmann und sagt: „Ihr seid wunderliche Gesellen. Ist's nicht genug, wenn zwei zu Fuß gehen? Geht's nicht leichter, wenn einer von euch reitet?“ Da band der Vater dem Esel die vorderen Beine zusammen, und der Sohn band ihm die hinteren Beine zusammen; dann zogen sie einen starken Baumpfahl durch und trugen den Esel auf der Schulter heim. So weit kann's kommen, wenn man es allen Leuten recht machen will.

Johann Peter Hebel

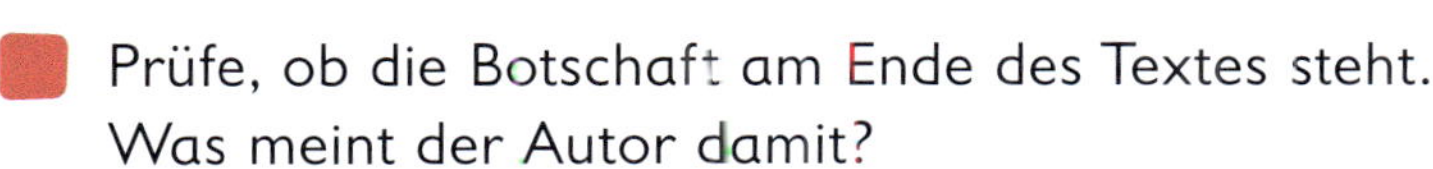

- Prüfe, ob die Botschaft am Ende des Textes steht. Was meint der Autor damit?
- Formuliere die Botschaft mit eigenen Worten.

Wie Eulenspiegel in Braunschweig Eulen und Meerkatzen buk

Eulenspiegel kam nach Braunschweig und ging in die Herberge der wandernden Gesellen. Nahe dabei wohnte ein Bäcker. Der sah Eulenspiegel, rief ihn in sein Haus und fragte ihn, was für ein Gesell er wäre. Eulenspiegel sprach: „Ich bin ein Bäckerknecht.“ Der Brotbäcker sprach: „Ich habe gerade keinen Knecht; willst du mir dienen?“ Und Eulenspiegel ging darauf ein.

Als er nun zwei Tage bei dem Bäcker gewesen war, hieß ihn der Meister in der Nacht allein backen, er könnte ihm bis zum Morgen nicht helfen. Eulenspiegel sprach: „Das will ich wohl tun, was aber soll ich backen?“ Der Bäcker war ein scharfzüngiger Mann, und er ward zornig und spottete: „Bist du ein Bäckerknecht und fragst erst, was du backen sollst? Was pflegt man denn zu backen? Eulen und Meerkatzen!“ Und er ließ Eulenspiegel stehen und legte sich schlafen. Da ging Eulenspiegel in die Backstube und machte aus dem Teig nur Eulen und Meerkatzen, die ganze Backstube voll, und buk sie.

Des Morgens stand der Meister auf und wollte Eulenspiegel helfen. Und als er in die Backstube kam, fand er weder Wecken noch Semmeln, sondern nur Eulen und Meerkatzen. Da ward der Meister zornig und schalt wie einer, in den das jähe Fieber gefahren war: „Was hast du da gebacken?“ Eulenspiegel sprach: „Was ihr mich geheißen habt: Eulen und Meerkatzen.“

Der Bäcker sprach: „Was soll ich anfangen mit deinem Narrenwerk? Solch Brot nützt mir zu nichts, das bringt mir nirgends Geld!“ Und er packte Eulenspiegel beim Hals und rief: „Bezahl mir meinen Teig!“

Eulenspiegel sprach: „Ja, wenn ich Euch den Teig bezahle, soll dann die Ware mein sein, die davon gebacken ist?“

Der Meister sagte: „Was frag ich nach solcher Ware! Eulen und Meerkatzen dienen mir nicht auf meinem Laden.“ Also bezahlte ihm Eulenspiegel den Teig, tat die gebackenen Eulen und Meerkatzen in einen Korb und trug sie aus dem Haus des Brotbäckers in die Herberge „Zum Wilden Mann“.

Eulenspiegel dachte daran, dass er in Braunschweig war, und sprach zu sich selbst: „Du hast oft gehört, man könnte noch so seltsame Dinge nach Braunschweig bringen und löste doch Geld dafür.“ Und es war der Abend vor dem Tag Sankt Nikolaus, an dem die Kinder kleine Gaben an Backwerk oder andere Leckereien erhielten. Eulenspiegel ging mit seinem Korb vor die Kapelle des Sankt Nikolaus und stand dort mit seiner Ware aus. Und er verkaufte alle Eulen und Meerkatzen und löste viel mehr Geld daraus, mehr als er dem Bäcker für den Teig gegeben hatte. Das ward dem Bäcker kundgetan. Den verdross es, und er lief nach der Sankt Nikolauskirche und wollte von Eulenspiegel das Geld fordern für das Holz und für die Kosten, die Tiere zu backen. Da war Eulenspiegel schon hinweg mit dem Geld, und der Bäcker hatte das Nachsehen.

Rezept für Eulen und Meerkatzen

Zutaten: 500 g Vollkornmehl, eine Prise Salz, 250 ml Milch, 20 g Hefe, ein Ei, 100 g Butter, 50 g Zucker

Die Hefe in einer Schüssel zerbröseln und mit Mehl und Zucker verrühren. Die restlichen Zutaten dazugeben und gut mit einem Knethaken verkneten. Den Teig zugedeckt an einem warmen Platz 30 Minuten ruhen lassen. Danach noch einmal gut kneten. Nun kann man Eulen und Meerkatzen formen.

- Ordne den Abschnitten die passenden Überschriften zu.

Wie Eulenspiegel sich sein Missgeschick zu Nutzen macht

Wie Eulenspiegel alles wörtlich nimmt

Wie Eulenspiegel für seine Fehler bezahlen muss

- Lest den Schwank in verteilten Rollen. Kennzeichnet vorher die Texte der drei Sprecher. Nutzt dazu eine Folie.

Vom Ritter, der nicht aus seiner Rüstung herauswollte

In der Ritterzeit lebte einmal ein junger Ritter, der wollte nie seine Rüstung ablegen, nicht einmal den Helm, denn er wollte unverwundbar sein. Er ritt in seiner Rüstung auf die Jagd. Er tanzte in seiner Rüstung. Er setzte sich in seiner Rüstung aufs Plumpsklo. Ja, er schlief sogar in seiner Rüstung. Schließlich heiratete der junge Ritter ein gutes Ritterfräulein. Am Abend nach der Hochzeit erschien der Ritter im Schlafzimmer – in voller Rüstung.

Braut (entsetzt): Willst du etwa mit der Rüstung ins Bett steigen?
Ritter: Das bin ich so gewohnt. Was stört dich daran?
Braut (weinend): Und das Gequietsch der Scharniere die ganze Nacht! So kaltes Eisen neben mir – schon beim bloßen Gedanken daran wird mir kalt. Bitte leg doch wenigstens nachts diese alberne Rüstung ab, damit ich dich sehe – so, wie du bist, und deine Wärme fühle!
Ritter (trotzig): Die Rüstung bleibt an. Ich will weder tags noch nachts von Feinden überrascht werden.

Die Braut und der Ritter schlafen ein. In der Nacht erwacht die Braut. Der Ritter wälzt sich und stöhnt. Die Braut bemerkt, dass er schwitzt und ihn Läuse und Flöhe quälen. Sie grübelt die ganze Nacht nach einer Lösung.

Am nächsten Morgen schlägt die Braut vor, gemeinsam im See schwimmen zu gehen. Der Ritter besteht allerdings darauf, auch beim Schwimmen seine Rüstung anzubehalten. So watet er ins Wasser, während seine Braut im See schwimmt. Nach dem Bad setzt sich seine Braut neben ihn.

Braut: Wie fandest du das Bad?
Ritter: Wunderbar, aber es hat mich müde gemacht.
Braut: Nimm deinen Helm ab und leg deinen Kopf auf meinen Schoß. Ich werde dich lausen.

Der Ritter zögert.

Braut: Auf meinem Schoß kann kein Feind deinen Kopf überraschen.

Der Ritter nimmt den Helm ab und wird gelaust. Währenddessen schläft er ein. Am Abend wacht der Ritter auf und kann seine Arme und Beine nicht mehr bewegen. Die Scharniere seiner Rüstung sind eingerostet.

Ritter (erschrocken): Was ist das? Um Gottes willen!
Braut (bedauernd): Sei nicht traurig. Ich werde dich dein Leben lang pflegen, wenn du so unbeweglich liegen musst, du Armer. Ich werde dich füttern und rasieren. Ich werde dir dein Gesicht waschen. Ich werde dir vorsingen und erzählen, damit du dich nicht langweilst. Ich werde ...
Ritter: Nein! Ich will nicht mein Leben lang unbeweglich liegen! Ich bin ein Ritter und will reiten, nicht in dieser Rüstung verfaulen! Ruf den Schmied her.
Braut (vergnügt): Gern, mein Lieber.

Der Schmied befreite den Ritter aus der Rüstung.

Braut: Sieh mal an. Du bist ja gar nicht so dünn und schwächlich, wie ich vermutet hatte. Du hattest es doch gar nicht nötig dich in einer Rüstung zu verkriechen. Hoffentlich hast du nicht verlernt dich zu bewegen. Fang mich!

Der Ritter und seine Braut spielen zusammen. Danach gehen sie noch einmal schwimmen.

Braut: Na, wie fühlst du dich jetzt?
Ritter: Erlöst.

nach Gudrun Pausewang

Ballade vom schweren Leben des Ritters Kauz vom Rabensee

Es war ein alter Ritter,
Herr Kauz vom Rabensee.
Wenn er nicht schlief, dann stritt er.
Er hieß: der Eiserne.

Sein Mantel war aus Eisen,
Aus Eisen sein Habit.
Sein Schuh war auch aus Eisen.
Sein Schneider war der Schmied.

Ging er auf einer Brücke
Über den Rhein – pardauz!
Sie brach in tausend Stücke.
So schwer war der Herr Kauz.

Lehnt er an einer Brüstung,
Es macht sofort: pardauz!
So schwer war seine Rüstung.
So schwer war der Herr Kauz.

Und ging nach solchem Drama
Zu Bett er, müd wie Blei:
Sein eiserner Pyjama
Brach auch das Bett entzwei.

Der Winter kam mit Schnaufen,
Mit Kälte und mit Schnee.
Herr Kauz ging Schlittschuh laufen
Wohl auf dem Rabensee.

Er glitt noch eine Strecke
Aufs stille Eis hinaus.
Da brach er durch die Decke
Und in die Worte aus:

Potz Bomben und Gewitter,
Ich glaube, ich ersauf!
Dann gab der alte Ritter
Sein schweres Leben auf.

Peter Hacks

Bänkelsänger

Auf dieser Doppelseite findest du eine Ballade und eine Szene. Ordne die Textarten den Texten zu. Begründe deine Antwort. Schlage die Begriffe im Glossar nach. Nenne jeweils zwei Merkmale.

Kopfstandbild

Quakt er nicht, dann röhrt er.
Und das sehr laut. Mich stört er.
Ob frecher Frosch, ob edler Elch:
Mein Ohr tut weh. Ach, welch ein Frelch.

Was bedeuten die Redewendungen?

1 in der Tinte sitzen

2 aus einer Mücke einen Elefanten machen

3 ins Fettnäpfchen treten

4 jemandem einen Bären aufbinden

A jemandem etwas Unwahres so erzählen, dass er es glaubt

B in eine missliche Lage geraten

C etwas maßlos übertreiben

D jemanden durch eine unbedachte Bemerkung kränken

Wusstest du schon …

„Veräppeln“ hat nichts mit Äpfeln zu tun.
Das Wort hat seinen Ursprung im Jiddischen, einer Sprache, die im Mittelalter aus dem Mittelhochdeutschen entstand.
Das Wort veräppeln geht wahrscheinlich auf das jiddische Wort eppel = nicht oder ewil = Dummkopf zurück. Es bedeutet also „verspotten“.

Lösungen S. 196

Tierisch witzig

'Waiter, waiter, there's a fly in my soup!'
'Don't worry, sir, the spider in the salad will get it.'

Zungenbrecher

Pferde mampfen dampfende Äpfel.
Dampfende Pferdeäpfel mampft niemand.

Es klapperten die Klapperschlangen,
bis ihre Klappern schlapper klangen.

Merkwürdige Tiere

GI TEL DRO
GÜR STA FE
ME CHEL SCHWEIN
RAF DAR TIER

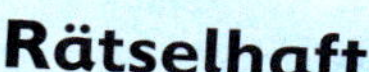

Rätselhaft

Welches Tier wird im Wasser
geboren und ist kein Fisch,
fliegt und ist kein Vogel
hat schöne Flügel wie
ein Falter?

Was ist denn hier passiert?

Wusstest du schon ...

Unter den Reptilien gibt es Echs
mit ganz besonderen Merkma
Sie sehen seltsam aus wie die Drac
die wir aus Märchen kenn
Die Bartagame beispielswe
trägt um das Kinn eine Reihe spitzer Stache
die wie ein Männerbart ausseh
Bei Gefahr bläst sie diesen „Bart“ a
um ihre Angreifer zu erschreck

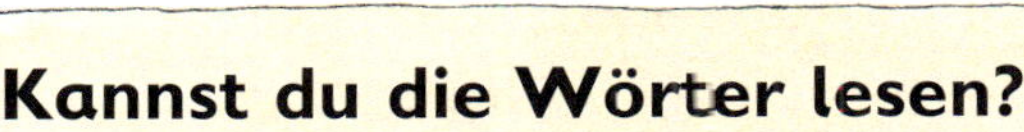

Kannst du die Wörter lesen?

Roß, Burg, Bänkelsänger, Ritter

Lösungen S. 196

Sog

Über das Haus Nummer siebzehn wurde von den Nachbarn immer nur hinter vorgehaltener Hand gesprochen. Sie kannten die wiederkehrenden Geräusche von dort nur zu gut, das Gebrüll, die schlagenden Türen, die herunterfallenden Gegenstände. Doch an einem schwülen Sommerabend geschah etwas, was weit interessanter war: Vorn auf dem Rasen lag plötzlich ein großes Meerestier. Bis zum Vormittag hatten alle Nachbarn dieses rätselhafte, sanft atmende Geschöpf erblickt. Natürlich scharten sie sich darum, um es sich genauer anzusehen.

„Das ist ein Dugong", sagte ein kleiner Junge. „Der Dugong ist ein seltenes, gefährdetes, Pflanzen fressendes Säugetier, das im Indischen Ozean lebt, es gehört der Ordnung Sirenia, der Familie Dugongidae, der Gattung Dugong, der Art D. dugong an."

Das alles erklärte aber nicht, wie es in ihre Straße gelangt war, die mindestens vier Kilometer vom nächsten Strand entfernt lag. Wie auch immer, die Nachbarn fanden es viel wichtiger, dem gestrandeten Tier mit Eimern, Schläuchen und nassen Handtüchern zu helfen, so wie es Walretter im Fernsehen getan hatten.

Als das junge Paar aus Nummer siebzehn schließlich verschlafen und verwirrt herauskam, um sich das Ganze anzusehen, gerieten sie erst einmal in Wut und machten sich gegenseitig Vorwürfe. „Soll das etwa WITZIG sein?", schrien sie einander und den umstehenden Nachbarn zu.

Das Geschrei aber wich bald stummer Verblüffung, als ihnen die Absurdität der Situation bewusst wurde. Es blieb ihnen nichts anderes übrig, als sich an den Rettungsmaßnahmen zu beteiligen, indem sie den Sprinkler anstellten und einen geeigneten Rettungsdienst suchten, falls es so etwas gab (was sie ewig debattierten, wobei sie einander ungeduldig das Telefon aus der Hand rissen).

Während wir alle auf die Experten warteten, tätschelten und beruhigten die Nachbarn reihum den Dugong, sprachen zu seinem langsam blinzelnden Auge – das, wie jeder fand, von tiefer Trauer erfüllt war – und legten das Ohr auf seine warme nasse Haut, wo sie etwas sehr Leises und Fernes, ansonsten aber Unbeschreibliches hörten.

Das Eintreffen des Rettungswagens war eine fast unwillkommene Unterbrechung: orangefarbene Lichter blitzten, und städtische Arbeiter in leuchtend gelben Overalls geboten allen, zurückzutreten. Ihre Effizienz war beeindruckend. Sie hatten sogar eine spezielle Winde und eine Badewanne dabei, die gerade so groß war, dass sie ein Meeressäugetier von ordentlicher Größe gut aufnehmen konnte. Binnen Minuten hatten sie den Dugong auf das Fahrzeug geladen und waren davongefahren, als hätten sie mit solchen Problemen ständig zu tun.

Abends schalteten die Nachbarn dann ungeduldig von einem Nachrichtensender zum anderen, um zu sehen, ob von dem Dugong berichtet wurde, und als das nicht der Fall war, folgerten sie, dass das ganze Ereignis wohl doch nicht so bemerkenswert war, wie sie geglaubt hatten.

Das Paar aus Nummer siebzehn schrie sich wieder an, dieses Mal ging es darum, wer den Rasen ausbessern sollte. Das Gras, auf dem der Dugong gelegen hatte, war nun unerklärlich gelb und tot, als hätte das Tier nicht Stunden, sondern Jahre dort gelegen. Dann verlagerte sich die Diskussion auf etwas vollkommen anderes, und ein Gegenstand, vielleicht ein Teller, krachte gegen die Wand.

Niemand sah, wie der kleine Junge, eine Enzyklopädie der Meereszoologie in den Händen, aus jener Haustür trat, zu der dugongförmigen Fläche schlich und sich mitten hineinlegte, die Arme an den Seiten, den Blick nach oben, zu den Wolken und Sternen. Er hoffte, es würde lange dauern, bis seinen Eltern auffiel, dass er nicht auf seinem Zimmer war, und sie zornig herauskamen und brüllten. Wie merkwürdig es war, als sie dann beide ohne ein Geräusch, ganz behutsam zu ihm traten. Wie seltsam, dass das Einzige, was er spürte, sanfte Hände waren, die ihn hochhoben und zurück ins Bett trugen.

Shaun Tan

Was findest du an der Geschichte seltsam?
Was findest du interessant?

eigene Gedanken zu Texten entwickeln, zu Texten Stellung nehmen und mit anderen über Texte sprechen

Echt seltsam: der Bombardierkäfer

Es handelt sich um ein Kriechtier. Ein Tierchen auf sechs dünnen Beinen. Du kannst es auf deine Hand setzen, aber selbst dann verschwindet es noch zwischen deinen Fingern. Das Käferchen ist nur einen Zentimeter groß, mehr nicht. Aber aufgepasst. Was du da auf deiner Hand herumkrabbeln lässt, ist eine lebende Kanone. Eine Kanone mit Bomben an Bord. Der Käfer feuert sie auf jeden ab, der allzu gierig in seine Richtung schaut.

Vögel tun das gerne – gierig gucken. Und Kröten.

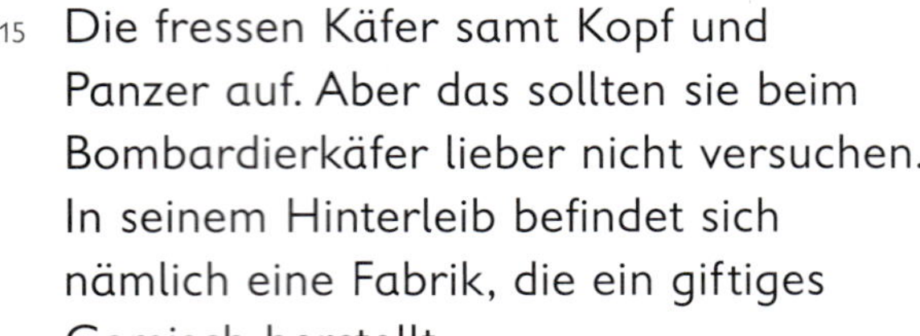

Die fressen Käfer samt Kopf und Panzer auf. Aber das sollten sie beim Bombardierkäfer lieber nicht versuchen. In seinem Hinterleib befindet sich nämlich eine Fabrik, die ein giftiges Gemisch herstellt.

Dieses Gemisch wartet friedlich in der Vorratskammer, einer Vorratskammer im Körper. Aber wehe, ein Feind kommt in die Nähe. Dann schickt der Bombardierkäfer das Gemisch sofort in die nächste Kammer seines Körpers, in die Explosionskammer.

An diesem lebensgefährlichen Ort beginnt das Gebräu zu kochen und zu dampfen. Der Bombardierkäfer dreht dem Feind sein Hinterteil zu, und PENG!, die glühend heiße und giftige Bombe knallt nach draußen, genau in die Augen des Feindes. Dieser kann auf einen Schlag nichts mehr sehen.

Der Bombardierkäfer hat sich leer gefeuert. Und während der Feind noch versucht, seine Augen wieder zu öffnen, spaziert unser Käfer um die Ecke. Tralalalala.

Bibi Dumon Tak

Warum hat der Bombardierkäfer diesen Namen? Formuliere eine Begründung mithilfe von Textstellen.

Interessante Essgewohnheiten

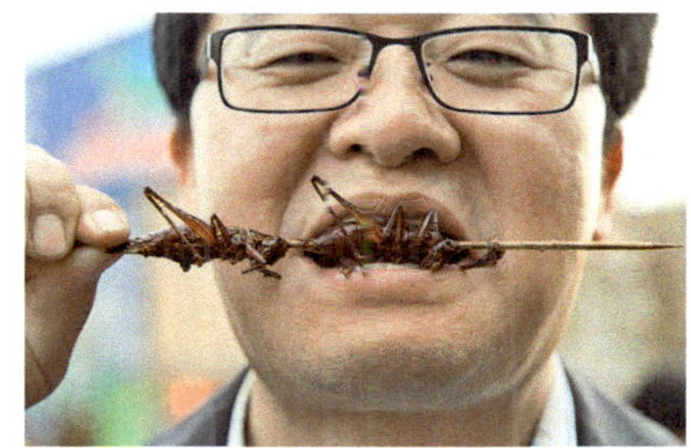

Die meisten Völker der Erde essen alle möglichen Gliederfüßler. Wahrscheinlich hast du auch schon mal Garnelen, Krabben oder andere Schalentiere gegessen. Sie sind sehr beliebt. Viele Völker essen auch gebratene Insekten und Spinnen. Da gibt es keinen großen Unterschied. Das Verspeisen von Insekten hat sogar einen Namen: Entomophagie.

Menschen essen Insekten und Spinnen, weil sie den Geschmack lieben. (Manche vergleichen den Geschmack von gebratenen Insekten mit dem von Schinken.) Außerdem sind sie eine gute Vitamin- und Mineralstoffquelle. Und es gibt sie überall!
Aber Achtung!
Einige Insekten sind giftig. Deshalb probiere nicht, wenn du nicht sicher bist, dass es ein essbares Insekt ist.

In Bogotá in KOLUMBIEN knabbern die Kinobesucher geröstete Blattschneiderameisen statt Popcorn.
In GHANA werden geflügelte Termiten gebraten, frittiert oder zerkleinert ins Brot eingebacken.
In JAPAN werden die Larven von Fliegen in Zucker und Sojasoße serviert.
An einigen Straßenständen in THAILAND werden gebratene Insekten in Beuteln verkauft.

Caroline Bingham

Zu welchen der drei Abschnitte passen die Überschriften?
Schreibe sie auf Papierstreifen und lege sie über die Abschnitte.

Wo isst man Insekten?

Entomophagie – das Verspeisen von Insekten

Seltsame Tiere

Der Kaschweind, erfunden von Angelika, Zulio und Clara

Das Schmehorn, erfunden von Antonia, Ulrike und Marlene

Diese Tiere sind aus unterschiedlichen Tieren zusammengesetzt.
Das Spiel könnt ihr auch spielen.

1. Jedes Kind eurer Klasse malt ein Tier auf ein Blatt Papier, das in drei Abschnitte eingeteilt wurde. In den ersten Abschnitt malt ihr den Kopf, in den zweiten den Körper und die Vorderbeine und in den dritten Abschnitt die Hinterbeine und das Hinterteil.

2. Achtet darauf, dass die Übergänge der Abschnitte bei allen Kindern gleich breit sind, damit die Teile dann zusammenpassen!

3. Schneidet das Tier auseinander und tauscht die Teile untereinander aus. Ihr werdet eigenartige Tiere entdecken. Gebt ihnen Namen.

So müsst ihr euer Blatt vorbereiten:

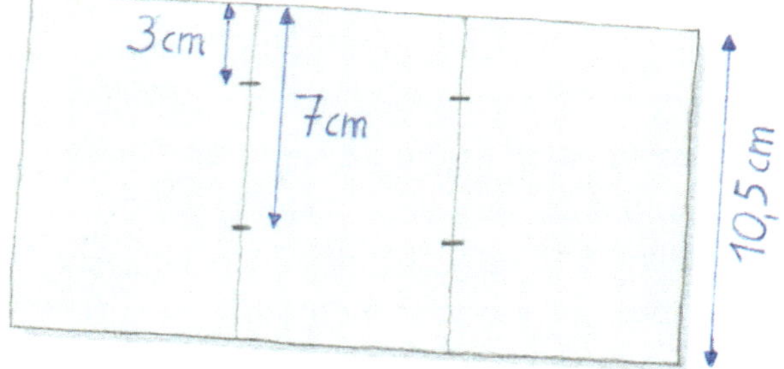

Im Frühling

Der Frühling

Mit duftenden Veilchen komm ich gezogen,
Auf holzbraunen Käfern komm ich gebrummt,
Mit singenden Schwalben komm ich geflogen,
Auf goldenen Bienen komm ich gesummt.
Jedermann fragt sich, wie das geschah:
Auf einmal bin ich da!

Mascha Kaléko

So kannst du Texte ganz genau lesen

→ **Schritt 1: die Überschrift genau lesen**
Lies die Überschrift. Betrachte die Bilder.
Worum wird es im Text gehen?

Du kannst auch eine Folie nutzen.

→ **Schritt 2: den Text genau lesen und Randnotizen machen**
Falte ein Blatt und lege es um den Rand des Textes.
Lies jeden Abschnitt des Textes genau.
Mache Notizen auf deinem Papierstreifen.

- Setze **Häkchen** neben Textstellen, die du verstanden hast.
- Setze **Fragezeichen** neben Textstellen, die du noch nicht so gut verstanden hast.
- Setze **Ausrufezeichen** neben Textstellen, die du ganz besonders wichtig oder interessant findest.

Stunde aus Afrika ✓
Nest zu bauen.
strengung für sie,
der Welt. !
ig und Nacht.
eg. Ab diesem
uft. Für immer! ?

→ **Schritt 3: Textstellen klären**
Lies noch einmal die Textstellen, die du noch nicht so gut verstanden hast.
Lies auch die Sätze davor und danach.
Verstehst du die Stellen jetzt?
Wenn du eine Textstelle noch immer nicht verstehst, dann schreibe unklare Wörter auf deinen Papierrand. Schlage diese im Wörterbuch nach oder frage ein Partnerkind.

E, hörst du sie?
E, siehst du sie? ✓
Torpedos über die ? Torpedos
en wie wild gewordene

→ **Schritt 4: vergleichen und austauschen**
Vergleiche deine Randnotizen mit Partnerkindern.
Welche Gemeinsamkeiten und Unterschiede stellt ihr fest?

Ich wusste gar nicht, dass ...

Mit Karacho zurück in den Frühling

SRIE, SRIE, SRIE, hörst du sie?
SRIE, SRIE, SRIE, siehst du sie?
Sie schießen wie Torpedos über die Dächer. Sie sausen wie wild gewordene Düsenjäger durch die Luft.

Das flinke Vögelchen kommt mit einer Geschwindigkeit von einhundertzwanzig Kilometern pro Stunde aus Afrika angeflogen, um unter unserem Dach ein Nest zu bauen. Das Fliegen bedeutet nur eine kleine Anstrengung für sie, denn Mauersegler sind die besten Flieger der Welt.
Sie machen nichts anderes. Sie fliegen Tag und Nacht. Sobald sie das Nest verlassen, sind sie weg. Ab diesem Zeitpunkt bleiben sie für immer in der Luft. Für immer! Das sind echte Luftakrobaten.
Hunger? Schnabel auf, quer durch eine Wolke Mücken jagen und schlucken.
Durst? Schnabel auf, haarscharf übers Wasser segeln und schlürfen.
Müde? Warten, bis es dunkel wird. Ein paar Kilometer nach oben fliegen und auf einem Bett aus warmer Luft, das langsam nach oben treibt, einschlafen.

Nur für ein Nest kommen sie auf die Erde. Für ihre Jungen setzen sie ihre Beine kurz auf den Boden. Nun ja, auf den Boden … Sie kriechen unter das Dach, dicht unter den Wolken, sodass es doch noch aussieht, als schwebten sie ein wenig.

Bibi Dumon Tak

Lies den Text genau. Nutze die Schritte von Seite 126. Vergleiche deine Randnotizen mit einem Partnerkind.

Gestatten: Veilchen

Kaum ist der Winter vorbei, recke ich schon meine duftenden weißen oder lilafarbenen Blüten in lichten Wäldern und an Bachufern der Sonne entgegen. Jede Blüte besteht aus fünf kleineren Blütenblättchen, wovon das untere einen Sporn trägt. Ich muss mich beeilen, denn wenn erst die großen Bäume ihre Blätter entfaltet haben, bleibt für mich nur noch wenig Sonnenlicht übrig. Meine Blätter sind fast herzförmig und dunkelgrün. Meine über 500 Verwandten und ich sind in ganz Europa verbreitet. Ich selbst wurde schon 400 Jahre v. Chr. in Athen auf Märkten verkauft. Die Menschen haben mich in vielen Sorten und Farben angebaut und dann als Duft- und Heilpflanze verwendet. Mein lateinischer Name: Viola odorata

Das Veilchen

Erst kommt der Star zurück, ein Weilchen
danach kommt auch das blaue Veilchen.
Es blüht versteckt.
Wer es entdeckt,
den hat der Frühling aufgeweckt.

Heinz Kahlau

Veilchen

Es dämmerte, und die Mutter stieg in den Keller, um noch etwas fürs Abendbrot heraufzuholen. In den Wiesen bellte ein Rehbock und mein Sohn Matthes, der gewaschen am Tisch saß, sprang auf und rannte hinaus, um den Rehbock zu sehn. Es wurde dunkel; er kam nicht heim. Die Mutter rief ihn und ging ihn suchen; sie fand ihn nicht und kam murrend zurück. Der Vollmond ging auf, und Matthes kam heim; er hatte die ersten Veilchen gepflückt. Sie dufteten süß aus der schmutzigen Faust.

Erwin Strittmatter

- Was haben die Texte auf dieser Seite gemeinsam? Wodurch unterscheiden sie sich?
- Welcher Text gefällt dir am besten? Begründe deine Auswahl.

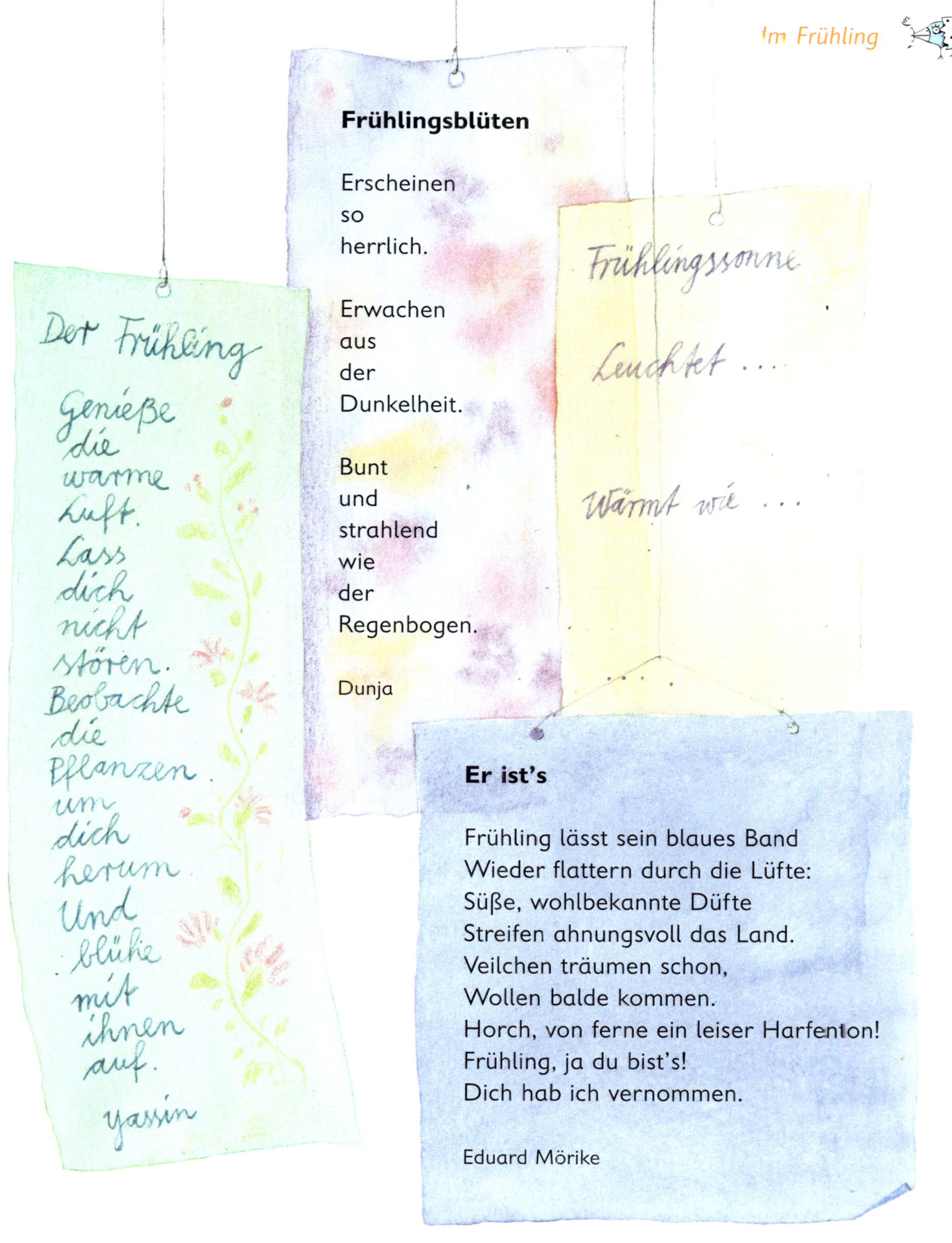

Frühlingsblüten

Erscheinen
so
herrlich.

Erwachen
aus
der
Dunkelheit.

Bunt
und
strahlend
wie
der
Regenbogen.

Dunja

Der Frühling

Genieße
die
warme
Luft.
Lass
dich
nicht
stören.
Beobachte
die
Pflanzen
um
dich
herum.
Und
blühe
mit
ihnen
auf.

Yassin

Frühlingssonne

Leuchtet …

Wärmt wie …

…

Er ist's

Frühling lässt sein blaues Band
Wieder flattern durch die Lüfte:
Süße, wohlbekannte Düfte
Streifen ahnungsvoll das Land.
Veilchen träumen schon,
Wollen balde kommen.
Horch, von ferne ein leiser Harfenton!
Frühling, ja du bist's!
Dich hab ich vernommen.

Eduard Mörike

- Gedichte leben von besonders schönen bildhaften Wörtern. Suche Textstellen auf dieser Seite, die dir besonders gefallen.
- Sammle Wörter, die deine persönlichen Eindrücke beschreiben.

Der Frosch

Der Frosch sitzt in dem Rohre,
der dicke, breite Mann,
und singt sein Abendliedchen,
so gut er singen kann.
Quak, quak!

Er meint, es klingt gar herrlich,
könnt's niemand so wie er;
er bläst sich auf gewaltig,
meint wunder, was er wär.
Quak, quak!

Mit seinem breiten Maule
fängt er sich Mücken ein,
guckt mit den dicken Augen
froh nach der Sonne Schein.
Quak, quak!

Das ist ein ewig Quaken,
er wird es nimmer müd,
solange noch ein Blümchen
im Wiesengrund nur blüht.
Quak, quak!

Herr Frosch, nur zu gesungen!
Er ist ein lustger Mann!
Im Lenz muss alles singen,
so gut es singen kann.
Quak, quak!

Christian Dieffenbach

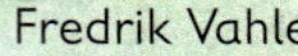

Plopp

Die Stille sitzt im Gartenteich
und gähnt und spricht:
Dies ist mein Reich.

Ein kleiner Frosch quakt:
Du täuschst dich
und ob!
Springt rein in den Teich,
und der Teich sagt:
Plopp!

Fredrik Vahle

Die Frösche

Ein großer Teich war zugefroren.
Die Fröschlein, in der Tiefe verloren,
durften nicht ferner quaken noch springen,
versprachen sich aber im halben Traum,
fänden sie nur da oben Raum,
wie Nachtigallen wollten sie singen.
Der Tauwind kam, das Eis zerschmolz;
nun ruderten sie und landeten stolz
und saßen am Ufer weit und breit
und quakten wie vor alter Zeit.

Johann Wolfgang Goethe

- Zwei Gedichte auf dieser Seite stammen aus alter Zeit, das dritte wurde in unserer Zeit geschrieben. Welches? Begründe deine Vermutung.

Kaulquappen

Im Frühling, wenn die Obstbäume blühen, wird es in dem Weiher hinter unserem Haus lebendig.

Jetzt quaken den ganzen Tag die Frösche*. Die Weibchen legen ihren Laich immer in die hintere Bucht des Teiches, wo die alte Weide umgekippt und ins Wasser gerutscht ist. Der Laich ist eine gelbliche, schwabbelige Masse mit schwarzen Pünktchen. Ich schaue jeden Tag nach, ob sich schon was bewegt, und warte darauf, dass die kleinen Kaulquappen ausschlüpfen.

Das dauert ungefähr vier Wochen. Es ist jedes Jahr dasselbe: Zuerst ist es ganz viel Laich. Und dann wird es weniger und weniger. Ich bin noch nicht dahintergekommen, wer den Laich frisst.

Sind es die Fische? Oder die Wildenten, die in der Weide brüten? Mein Vater sagt, es könnten die Libellenlarven sein. Denn Libellen gibt es auch an unserem Weiher. Der Froschlaich wird von Tag zu Tag beweglicher. Und dann sind schließlich die kleinen Kaulquappen ausgeschlüpft. Sie haben Büschel am Kopf zum Atmen, einen dicken runden Bauch und einen Schwanz.

Das ist ein Gewimmel – eine richtige Kinderstube! Ich möchte so gerne einmal sehen, wie den Kaulquappen Beine wachsen und aus Wassertieren kleine Landfrösche werden. Aber das habe ich noch nie geschafft. Eines Tages sind alle Kaulquappen verschwunden. Wer weiß wohin? Manchmal sehe ich einen kleinen Frosch im Gras. Dann freue ich mich und denke, das ist eine von unseren Kaulquappen. Ich finde es schade, dass aus dem vielen Froschlaich so wenig Frösche werden. Aber die Enten und Libellen wollen auch leben, sagt meine Mutter. Und das stimmt. Die Enten und Libellen haben es auch nicht einfach: Letztes Jahr hat der Fuchs die kleinen Enten geholt. Und dann habe ich beobachtet, wie unsere Katze ganz still am Weiher saß und plötzlich mit der Pfote eine Libelle fing und ihr den Kopf abbiss. Ich finde das grausam. Aber mein Vater sagt, so ist das eben in der Natur: Der eine lebt vom anderen. Und darum muss es so viel Froschlaich und so viele Kaulquappen geben. Weil nicht aus allen Frösche werden können.

Rosemarie Künzler-Behncke

* die Froschmännchen der Wasserfrösche

- Lies den Text genau. Nutze die Schritte auf Seite 126.
- Welche Textstellen hast du zunächst nicht so gut verstanden? Stelle in der Lesekonferenz vor, wie du diese Stellen geklärt hast.

Für Frosch-Kenner:

Findest du die falsche Aussage?

1 Frösche sind Amphibien. Das bedeutet, dass sie auf dem Land und im Wasser leben.

2 Frösche fangen ihre Beute mit ihrer langen klebrigen Zunge.

3 Weibliche Frösche versuchen durch lautes Quaken männliche Frösche anzulocken.

4 Nach der Froschhochzeit legen die Weibchen ungefähr 2500 Eier im Wasser ab.

5 Aus den Eiern schlüpfen Larven. Man nennt sie Kaulquappen.

6 Kaulquappen leben sehr gefährlich, denn sie werden gerne von Fischen und Enten gefressen.

Da hab ich doch auf der vorherigen Seite etwas darüber gelesen.

Witz

„Robert!", ruft entsetzt die Mutter. „Eben habe ich in deiner Hosentasche einen lebenden Frosch gefunden."
„Was?", erschrickt Robert. „Die Mäuse sind nicht mehr drin?"

Diese vier Insekten findest du im und um den Frühlingsteich herum:

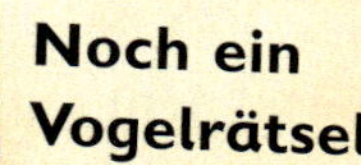

LI TER FER MÜ BEL LING WAS
LE SCHMET SER CKE KÄ STECH

Setze die passenden Vogelnamen ins Frühlings-Vogel-Gedicht.

Im morschen Baum der ____________
Der trommelt gar nicht schlecht.

Die kleine blaue ____________
Zetert nicht grad leise.

Und auch der freche ____________
Macht jetzt gern Rabatz.

Hoch droben klingt es „pink"
Das war bestimmt der ____________

Noch ein Vogelrätsel

Meine Eltern kenn ich nicht,
denn sie zogen mich nicht groß.
Aber ihre Namen weiß ich,
weil mein Schnabel stets ihn spricht,
denn ich Ärmster kann nicht singen.
Grau ist meiner Federn Farbe
und mein Name hat zwei Silben,
welche völlig ähnlich klingen.

Lösungen S. 196

AH S. 33

Rezept für frühlingsbunte Blütenhäppchen

Zutaten:

- mehrere Scheiben Vollkornbrot
- etwas Butter
- 250 g Quark
- 5 EL Milch
- verschiedene Kräuter, z.B. Schnittlauch, Petersilie, Oregano usw.
- Löwenzahn- und Gänseblümchenblüten

Zubereitung:

Sammle auf einer Wiese jeweils eine Handvoll Gänseblümchen- und Löwenzahnblüten.
Wasche die Blüten gründlich mit warmem und dann mit kaltem Wasser. Trockne sie anschließend vorsichtig mit einem Küchentuch ab.
Bestreiche jede Brotscheibe mit etwas Butter und schneide sie anschließend in vier Teile.
Würze den Quark mit etwas Salz und verrühre ihn mit den klein geschnittenen Kräutern. Diesen Kräuterquark gibst du nun auf jedes Brotstückchen.
Zum Schluss wird jedes Quarkhäppchen mit den Blüten geschmückt.

Komm, lieber Mai …

Der Mai hat seinen Namen vermutlich von der römischen Göttin Maia, der Göttin der Erde und des Wachstums, oder von dem römischen Göttervater Jupiter Maius, dem Herrn über Blitz, Donner, Regen und Sonnenschein. Es ist der erste richtig warme Frühlingsmonat. Nun grünt alles, viele Blumen blühen und auch die Obstbäume zeigen sich in voller Blüte. So wird der Mai oft auch Blütenmonat genannt. Viele Dichter und Komponisten wurden durch diese Frühlingspracht angeregt und haben zahlreiche Gedichte und Lieder über den Mai verfasst. Besonders bekannt geworden ist das Lied „Komm, lieber Mai …“ von Wolfgang Amadeus Mozart.

Wolfgang Amadeus Mozart wurde 1756 in Salzburg geboren. Schon im Alter von drei Jahren war ihm das Musizieren die liebste Beschäftigung. Er konnte Noten lesen und schreiben, bevor er in die Schule ging. Mit sechs Jahren gab er schon Konzerte.
Mozart war ein fleißiger und erfolgreicher Komponist. Obwohl er jung sterben musste, konnte er so ein großes Werk hinterlassen. Am Ende seines Lebens komponierte Wolfgang Amadeus Mozart das Lied vom lieben Mai. Diese Melodie ist so bekannt und beliebt, dass manche sie für ein Volkslied halten.

- Woher stammt wahrscheinlich der Monatsname Mai? Nenne zwei Vermutungen.
- In welchem Jahr starb Wolfgang Amadeus Mozart? Suche die Information in einem Lexikon oder im Internet.

gezielt einzelne Informationen suchen
Informationen in Druck- und elektronischen Medien suchen

Kirschblütenfest in Japan

Die Kirschblüten sind besonders schön. Die hauchdünnen Blütenblätter können weiß oder rosa sein. In Japan finden die Menschen die Kirschblüte (Japanisch: Sakura) im Frühling so prächtig, dass sie dafür sogar ein besonderes Fest erfunden haben, das Kirschblütenfest.

Nur ungefähr zehn Tage blühen die Kirschblüten. Wenn es lange regnet oder ein sehr starker Wind geht, verfaulen die Blüten oder werden ganz einfach von den Zweigen geweht und der Blütenzauber ist vorbei.
Für die Japaner sind die Kirschblüten deshalb so kostbar, weil man nie genau weiß, wie lange sie noch blühen. „Nutze die Zeit", sagen sich die Japaner.

So ist es Brauch, wenn die ersten Blüten da sind, „Hanami" zu feiern, was übersetzt „Kirschblüten betrachten" heißt. Mit Picknickkörben ziehen die Menschen los, suchen sich einen Kirschbaum, setzen sich darunter, essen Kekse, trinken grünen Tee, tanzen, spielen und freuen sich über die herrlichen Blüten.

Es gibt in Japan übrigens echte Kirschblütenfans. Sie reisen der Kirschblüte hinterher. Zuerst blühen die Kirschbäume im Süden Japans, ein bisschen später dann im Norden. Manche Japaner reisen quer durch das Land, um jeden Tag unter einem anderen blühenden Kirschbaum sitzen zu können.

nach Kristina Dumas

Auch in Deutschland gibt es Städte und Gemeinden, in denen aus Freude über die blühenden Bäume Feste gefeiert werden. Ganz besonders bekannt ist das Baumblütenfest in der kleinen Stadt Werder im Land Brandenburg, das jährlich bis zu 600 000 Besucher zählt.

- Notiere zu jedem Textabschnitt wichtige Wörter auf Kärtchen.
  Gib den Inhalt des Textes mithilfe deiner Kärtchen wieder.

Schöne Schmetterlinge

Nur die Sachsen und Thüringer wussten früher, was mit dem Wort „Schmetterling“ gemeint war. Südlich von ihnen sagte man Maienvogel, Sommervogel, Raupenscheißer oder Müllermaler. Im Norden waren dagegen Butterfliege und Schmantlecker als Bezeichnungen im Gebrauch. Schmetterlinge sind Insekten mit zwei Flügelpaaren, die mit unterschiedlich bunten, flachen Schuppen bedeckt sind. Die Schuppen sind dachziegelartig angeordnet und bilden Muster, die für die einzelnen Schmetterlingsarten typisch sind. Auf Blüten sieht man oft Schmetterlinge sitzen. Eine Blüte ist fast so etwas wie eine Tankstelle, ihr Nektar das Benzin. Damit die Schmetterlinge an den „Treibstoff“ gut herankommen, z.B. wenn er tief im Blütenkelch verborgen ist, hat die Natur ihnen einen langen Rüssel zugedacht, den sie tief in die Blüte hineinstecken können.

Blauer Schmetterling

Flügelt ein kleiner blauer
Falter vom Wind geweht,
Ein perlmutterner Schauer,
Glitzert, flimmert, vergeht.

So mit Augenblicksblinken,
So im Vorüberwehn
Sah ich das Glück mir winken,
Glitzern, flimmern, vergehn.

Hermann Hesse

Der Zitronenfalter

Es gaben Herr und Frau Zitronenfalter
ihrem Kind den Namen Walter.
Wobei sich schon nach kurzem zeigte
dass Walter obzwar fröhlich gelb
zur Schwermut neigte.
Es sprach der Regenwurm verwundert
wie kommts, dass du nicht fröhlich bist?
Als einer von den Oberen Hundert
den noch dazu das Huhn nicht frisst?
Du kannst alles, was du willst
gleiten, fliegen, lichtwärts schweben
welch ein Leben!
Walter bebte mit den Fühlern
Er konnte kaum die Tränen halten
als er sprach
eins kann ich nicht:
Zitronen falten.

Edith Schreiber-Wicke

Wähle eines der Gedichte auf dieser Doppelseite aus, das du auswendig vortragen möchtest.

Der stolze Schmetterling

Ein wunderschöner Schmetterling umflatterte eine duftende Blume, da bemerkte er eine hässliche Raupe, die im Staube dahinkroch. Verächtlich rief der Schmetterling ihr zu: „Wie darfst du es wagen, dich in meiner Nähe sehen zu lassen? Fort mit dir! Sieh, ich bin schön und strahlend wie die Sonne, und meine Schwingen tragen mich hoch in die Lüfte, während du auf der Erde umherkriechst. Fort, wir haben nichts miteinander zu schaffen!"
„Dein Stolz, du bunter Schmetterling, steht dir schlecht an", erwiderte die Raupe ruhig. „All deine Farbenpracht gibt dir nicht das Recht, mich zu verachten. Wir sind und bleiben Verwandte, so schmähst du dich also selbst. Bist du nicht früher eine Raupe gewesen? Und werden deine Kinder nicht Raupen sein wie du und ich?!"

aus dem Sudan

Schmetterlinge

Was spielen Schmetterlinge im Regen?
Flügel zu – und nicht bewegen.

Heinz Janisch

Der Schmetterling

Ein Räuplein saß auf kleinem Blatt.
Es saß nicht hoch, doch aß es satt
Und war auch wohl geborgen.

Da ward das kleine Raupending
Zum Schmetterling.
An einem schönen Morgen
Zum bunten Schmetterling.

Friedrich Hebbel

Lies die Fabel auf dieser Doppelseite genau. Nutze die Schritte auf Seite 126. Stelle die für dich wichtigste Textstelle der Klasse vor.

Frühlingsgeschenk für Falterfreunde

falte so:

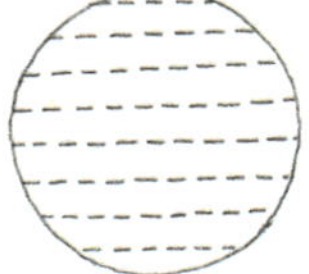

Aus weichen, bunten Geschenkpapierresten schneidest du ein Quadrat und einen Kreis aus. Falte beide Teile wie eine Ziehharmonika und füge sie dann mit einem dünnen Draht oder einem Faden zusammen. Den fertigen Schmetterling kannst du an einem Frühlingszweig befestigen. Hänge an den Zweig ein selbst geschriebenes Schmetterlings- oder Frühlingsgedicht.

Verschenke deinen besonderen Frühlingszweig an einen Schmetterlingsliebhaber.

Schmetterlingsflattern
Fliegt von Blüte zu Blüte
Ganz leise und leicht
Emma

- Dein Gedicht kann z.B. ein Haiku oder ein Elfchen werden. Schlage die Gedichtform im Glossar nach.

Unsere Welt

Weißt du, dass die Erde klein ist,
kaum wie ein Apfel groß?

Pablo Neruda

So kannst du dich in eine Figur hineinversetzen

→ **Tipp 1: der Figur einen Brief schreiben**
Schreibe einen Brief an die Figur. Was willst du ihr sagen?
Kannst du ihr einen Tipp geben, wie sie sich verhalten könnte?

Liebe Wasserträgerin,
ich kann verstehen, dass Sie es schlimm finden,
dass Ihr Krug zerbrochen ist.
Aber ich denke …
Ich rate Ihnen …

→ **Tipp 2: aus der Sicht der Figur erzählen**
Stell dir vor, du bist die Figur. Was hast du erlebt?
Erzähle.

→ **Tipp 3: einen Tagebucheintrag schreiben**
Stell dir vor, du bist die Figur. Was hast du erlebt?
Was könntest du z.B. über das Erlebnis in dein Tagebuch schreiben?

02.02.10
Liebes Tagebuch,
heute ist mir etwas ganz Schlimmes passiert.
Ich war unterwegs, um Wasser zu holen, dabei habe ich …
Ich fühlte mich …

- bei der Beschäftigung mit literarischen Texten Sensibilität und Verständnis für Gedanken und Gefühle und zwischenmenschliche Beziehungen zeigen

Wassertropfen

Jeden Tag gehen die Frauen aus dem Dorf hinunter zum Fluss. In großen Tonkrügen holen sie Wasser, denn im Dorf gibt es keine Quelle. Eines Morgens schaut eine der Frauen verträumt einem Schmetterling hinterher. Dabei stolpert sie, und der Krug wird beschädigt. Einen zweiten hat sie nicht, auch kein Geld für einen neuen, und so umwickelt sie den Krug notdürftig mit ihrem Tuch. Aber das Wasser tropft an den Bruchstellen heraus, und als sie im Dorf ankommt, ist die Hälfte weg. „Ach“, klagte sie, „was für ein Unglück, warum war ich bloß so unvorsichtig? Alle anderen bringen mehr Wasser nach Hause! Meine Mutter hat Recht, ich bin wirklich zu nichts nütze!“ Eines Morgens aber, als die Frauen wieder zum Fluss gehen, ist der schmale Pfad gesäumt von grünen Gräsern und vielen kleinen Blumen, rot, gelb und weiß leuchten sie. „Das waren deine Wassertropfen“, lachen die Frauen, „sie haben den staubigen Weg zum Blühen gebracht.“

An einem Tag ist der Frau etwas Schlimmes passiert, an einem anderen etwas Schönes. Stelle dir vor, du bist die Frau. Schreibe über einen der beiden Tage einen Tagebucheintrag.

Der Baobab*, der älteste Baum der Welt

Steven aus Burkina Faso, hat diesen Text extra für Kinder in Deutschland geschrieben, um von seinem Land zu erzählen.

Dies ist ein ganz besonderer Baum, der nur bei uns in der trockenen Savanne wachsen kann. Er kann bis zu 20 m hoch werden, sein Stamm kann 9 m Durchmesser haben! So ein großer Baobab speichert 120 000 Liter Wasser, er ist der älteste Baum der Welt.

Auf unserer Farm steht einer, der ist 600 Jahre alt, sagen die Leute. Und natürlich sagen sie: Das ist ein Geist. Nachts kann er umhergehen, das kann man hören, wenn man in der Hütte schläft. Und darum soll man nachts auch nicht draußen spazieren gehen, das kann gefährlich werden, der rennt einen glatt über den Haufen.

Wir nutzen seine Blätter, um daraus Soße zu machen. Aus der Rinde machen wir Seile. Wenn die großen harten Früchte reif sind, klettern wir hoch und holen sie uns, denn darin ist ein gelbes Pulver, reines Vitamin C, daraus machen wir Saft.

Am tollsten sieht er in der untergehenden Sonne aus, riesig, schwarz und gefährlich. So richtig afrikanisch!

Steven Yameogo

* Affenbrotbaum

- Wo liegt Burkina Faso? Lies im Text.
  Willst du mehr wissen, dann suche im Atlas oder auf dem Globus.
- Erkläre den Begriff Savanne.

○ bei Verständnisschwierigkeiten Verstehenshilfen anwenden: Wörter nachschlagen, Text zerlegen

Der leuchtende Sembar

Das Volk der Gond lebt in den Urwäldern Zentralindiens. Es verehrt die Bäume und den Urwald. Deshalb erzählen sie viele Geschichten über Bäume, auch diese vom leuchtenden Sembar-Baum.

Im Regenmonat Juli vermisste einmal ein Hirte seine Kuh. Es dämmerte schon, doch von der Kuh gab es keine Spur. Der Hirte machte sich Sorgen, und auch das Kälbchen rief kläglich nach seiner Mutter. Zusammen machten die beiden sich auf die Suche und wagten sich tief in den Wald hinein. In alle Richtungen riefen sie nach der Kuh. Dabei kamen sie vom Weg ab, schwarze Wolken zogen am Himmel auf und schon senkte sich die Nacht auf sie. Der Hirte und das Kälbchen begannen vor Verzweiflung zu weinen.

Ein Glühwürmchen beobachtete die beiden und fühlte Mitleid. „Folgt mir“, rief es ihnen zu. „Ich glaube, ich kann euch helfen.“ So stapften der Hirte und das Kälbchen durch den dunklen Wald, angeführt vom blinkenden Licht des Glühwürmchens.
Und da! Ganz plötzlich eröffnete sich dem Hirten ein wunderbarer Anblick. Wie ein Juwel leuchtete und funkelte ein Sembarbaum im Dunkeln. Auf jedem Blatt, auf jedem Ast saß ein Glühwürmchen – und unter dem Baum stand im Schein des Lichtes die verlorene Kuh.

Noch heute wissen alle, dass der Sembar ein freundlicher Baum ist. Und noch heute sind alle Kuhhirten und Glühwürmchen beste Freunde. Verirrt sich jemand im Wald, hält er Ausschau nach dem Sembarbaum, der golden leuchtend die Nacht erhellt und alle beschützt.

Einmal vermisste ich meine Kuh. …

Stell dir vor, du bist der Hirte. Erzähle, was du erlebt hast.

Von Langnasen und Stupsnasen

Alle Menschen stammen von schwarzen Urururururgroßeltern ab, aber im Laufe der Zeit haben wir uns verändert. Fallen Babys bei der Geburt in einen Farbtopf? Oder wieso haben manche Menschen weiße und andere schwarze Haut? Warum haben Asiaten Stupsnasen und Europäer solche Zinken, dass sie in Asien „Langnasen“ genannt werden? Sind die einen dumm, die anderen böse?

Nein, sagen die Wissenschaftler, Dummheit oder Bosheit sind leider so gleichmäßig auf der ganzen Welt verteilt wie der Käse auf der Pizza. Ob jemand ein kluger oder ein guter Mensch wird, hängt hauptsächlich davon ab, wie gut er behandelt und gefördert wird.

Nur Rassisten behaupten, das hinge von der Hautfarbe oder der „Rasse“ ab. Rassisten sind Leute, die anders Aussehende beschimpfen, verfolgen und verprügeln. Sie behaupten, ihre eigene „Rasse“ sei die beste, schönste, klügste.

Blödsinn, entgegnen Wissenschaftler. Es gibt nämlich überhaupt keine Rassen. „Es gibt nur eine Menschenrasse – den Menschen“, sagt der Genetiker Luca Cavalli-Sforza. Genetiker sind Wissenschaftler, die Erbanlagen erforschen, Gene genannt. Auch ob ein Baby schwarze oder blonde Haare bekommt, wird von den Genen gesteuert, die in allen Körperzellen sitzen. Von den rund 100 000 Genen in unseren Zellen sind es gerade mal sechs, die unsere Hautfarbe bestimmen. Zwischen den Genen von Schwarzhäutigen und Weißhäutigen gibt es also fast keine Unterschiede.

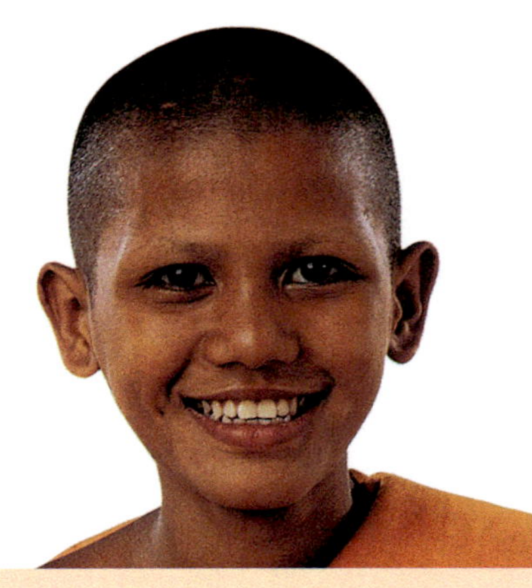

Die Genetiker haben inzwischen auch herausgefunden, warum das so ist: Die gesamte Menschheit stammt von schwarzhäutigen Urahnen ab.

Die Schwärze ihrer Haut schützte unsere Vorfahren vor zu viel Sonne. Dennoch begannen sie in den kühleren Norden zu wandern, als vor rund 100 000 Jahren das Klima in der Steppe immer heißer wurde. Vor etwas 60 000 Jahren erreichten sie Südostasien und Australien, vor 40 000 Jahren Europa, vor 20 000 Jahren Amerika.

Mit der Zeit passte sich das Aussehen unserer Ahnen dem Klima in ihrer neuen Heimat an. Die australischen Ureinwohner sind heute noch so dunkel wie die Afrikaner, die in der Nähe des Äquators zu Hause sind, sie leben ja auch in einem ähnlichen Klima.

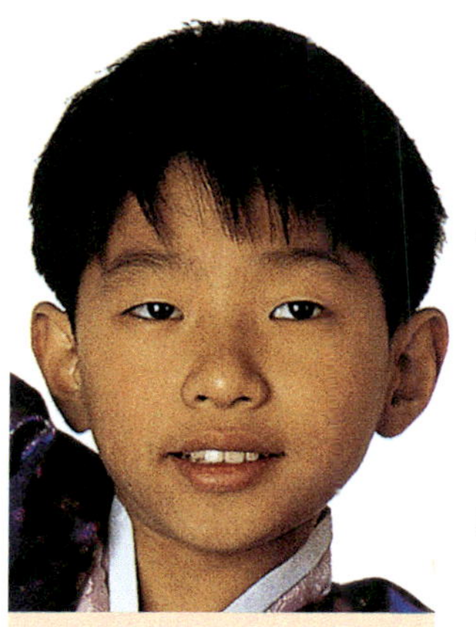

Die frühen Ackerbauern in Europa hingegen konnten nur deshalb überleben, weil ihre Haut immer heller und ihre Nasen immer länger wurden. Lange Nasen sind ein gewisser Schnupfenschutz. Sie sorgen in kaltem Klima dafür, dass die Atemluft erwärmt wird. Und weiße Haut kann leichter von der Sonne durchdrungen werden, sodass sich lebenswichtiges Vitamin D in unserem Körper bildet.

Die Inuit am Nordpol hingegen hatten es nicht nötig zu erbleichen, ihre Lieblingsmahlzeit Fisch enthielt genügend Vitamin D. Dafür aber haben sie Augenlider, die besser als unsere die Augen vor Schneestürmen schützen.

Du glaubst das alles nicht? Leg dich in die Sonne, und deine von den Urururururgroßeltern ererbten Gene werden deiner Haut befehlen: Werde braun.

Ute Scheub

- Die Menschen sehen verschieden aus. Warum? Erkläre mithilfe passender Textstellen.
- Erkläre den Begriff Genetiker.

Aussagen mit Textstellen belegen
bei Verständnisschwierigkeiten Verstehenshilfen anwenden: nachfragen, Wörter nachschlagen

Krieg

In dem Land, aus dem ich komme, hatten wir einen Garten. Es war ein Garten mit hohen Büschen darum, und er war riesengroß.
In dem Garten wuchsen Blumen und Zwiebeln, und es wohnten Käfer und Vögel darin. Es duftete dort fast immer nach Sommer – und nach Erde, wenn der Regen fiel.
Aber das Beste waren die Obstbäume, ich glaube, es waren fast hundert. Ich liebte es, in ihrem Schatten zu sitzen, die süßen Aprikosen zu essen und den Eidechsen zuzusehen, die sich in den Beeten neben mir sonnten.
Meine Freundinnen und ich breiteten unsere Decken in ihrem Schatten aus, denn in der Sonne wurde es schnell zu warm. Wir hatten unsere Puppen dabei und Tüten mit Puppensachen. Wir kochten Suppe aus Wasser, Gras und kleinen Steinen für sie und pressten Saft aus roten Beeren.
Jeden Abend, wenn ich in meinem Bett liege, schließe ich die Augen, um den Garten hervorzuzaubern. Es ist immer derselbe Traum: Sanja und ich sind dabei, unsere Puppen zu baden, als die Sonne auf einmal verschwindet.
Ein Wind beginnt zu wehen, und wir sehen zum Himmel, der plötzlich voller Flugzeuge ist. Sie kreisen über uns wie ein dunkler Schwarm Mücken, und sie brummen wie böse Hornissen.
Dann beginnen sie Steine zu werfen, große schwarze Brocken. Einer von ihnen trifft unseren Garten, und wo gerade noch Blumen waren, ist jetzt ein riesiges Loch. „Lass uns weglaufen!", rufe ich im Traum zu Sanja, doch Sanja liegt da und schläft. In der Hand hält sie noch eine Puppe. Der Aprikosenbaum über ihr hat seine zartrosa Blüten auf sie geschüttet. Sie gleicht einer Prinzessin, so schön sieht sie aus.
Doch jetzt ist keine Zeit zum Prinzessinnenspielen. Ich rüttle und schüttle Sanja, die einfach nicht aufwachen will. „Komm, Sanja! Wir müssen uns verstecken! Die Flugzeuge machen mir Angst!"
Doch auch Sanja macht mir jetzt Angst, warum öffnet sie ihre Augen nicht?

Annette Herzog

Immer wieder träumt das Mädchen diesen Traum.
Schreibe ihr einen Brief. Was möchtest du ihr sagen?

bei der Beschäftigung mit literarischen Texten Sensibilität und Verständnis für Gedanken und Gefühle und zwischenmenschliche Beziehungen zeigen

AH S. 37, S. 38

... und Frieden

Der Künstler Pablo Picasso (1881–1973) setzte sich sein ganzes Leben für den Frieden ein. Zum Pariser Weltfriedenskongress im Jahre 1949 entwarf er die Friedenstaube als Symbol für den Frieden.

Auch auf vielen Bildern Picassos spielen Tauben eine wichtige Rolle. Das Bild „Kind mit Taube" gehört zu seinen berühmtesten Kunstwerken.

Pablo Picasso: Kind mit Taube, 1901

Frieden

Wie man es sonst nur
mit einer Katze tut,
die man lieb hat:

Du hast die Taube
in deinem Arm
dir eng an die Brust gedrückt,

streichst ihr sanft
über den kleinen Kopf,
die ängstlichen, hellwachen Augen

als streicheltest du einen Stern

Oliver Behnssen

Welche gemeinsame Botschaft haben Bild und Gedicht?

Rekord – welches Wort passt?

Ungefähr 2000 Tonnen beträgt/wiegt der „General Sherman“, ein Riesenmammutbaum im Sequoia National Park in Kanada. Der Gigant ist 83,82 m hoch – so groß wie ein 20-stöckiges Hochhaus – und hat einen Durchmesser von 11,1 m. Das ist so lang/winzig wie ein Einfamilienhaus. Würde man das Haus/den Baum fällen, könnte man etwa 5 Milliarden Streichhölzer aus ihm herstellen/hinstellen. Als Kette übereinandergelegt/aneinandergereiht würden sie fünfmal um die Erde reichen.

Welcher Schatten gehört zu welchem Baum?

Wasser ist wichtig – So kannst du dir einen Trinkbecher aus Papier basteln

Du brauchst ein Quadrat aus weißem Papier in einer beliebigen Größe. Je größer das Papier, umso größer der Becher.

1. Falte das Quadrat diagonal zusammen.
2. Schlage die rechte Spitze zur linken Kante.
3. Schlage die linke Spitze zur rechten Kante.
4. Falte die obere Spitze nach unten.
5. Die zweite Spitze wird nach hinten geknickt. Fertig ist dein Trinkbecher!

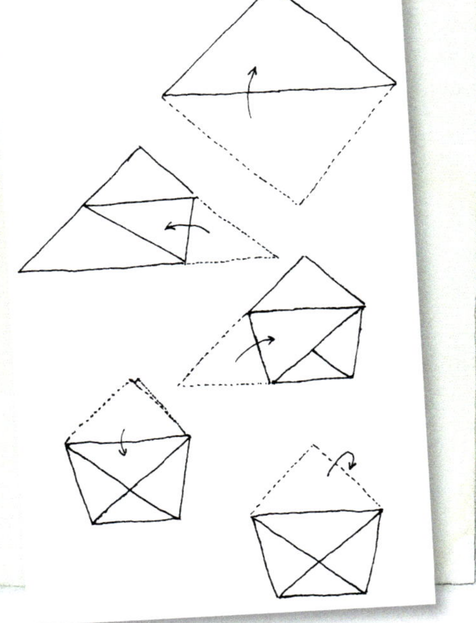

Lösungen S. 196

Runde Sachen

Mohnkorn,
Kirschkern,
Kastanie,
Knödel,
Kegelkugel und
Kürbis
sind rund.

Kugelrund
ist die Erde,
ein herrlicher Ball;
rund um die Sonne
trägt sie uns durchs All.

Josef Guggenmos

Wie heißen die Planeten richtig?

Jukur

Merturn

Sanus

Erpiter

Urade

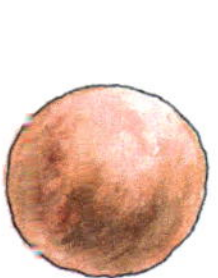

Welches Wort gibt es nicht?

Erdball	Sonnensystem	Mondlicht
Erdkugel	Sonnenkruste	Mondschein
Erdkruste	Sonnenstrahl	Mondstern
Erdmurmel	Sonnenball	Mondfahrzeug
Erdhaufen	Sonnenstand	Mondphase

Unsere-Welt-Quiz

1. Was bedeutet das Symbol der Taube?
R Krieg
W Ruhe
P Frieden

2. Wie viel der Erdoberfläche ist mit Wasser bedeckt?
A fast alles (98 Prozent)
L drei Viertel (75 Prozent)
R die Hälfte (50 Prozent)

3. Welches ist kein Kontinent?
A Arktis
K Australien/Ozeanien
E Antarktis

4. Welche Hautfarbe hatten unsere Urahnen?
S weiß
N schwarz
H rötlich

5. Wie heißen die Nachbarplaneten der Erde?
G Sonne und Saturn
Z Merkur und Mars
E Venus und Mars

6. Was bedeutet Baobab?
L Flaschenbaum
T Affenbrotbaum
S Pappel

Lösungen S. 196

Als man sich vieles noch nicht erklären konnte

Lange Zeit dachten die Menschen, dass die **Erde der Mittelpunkt der Welt** sei.
Noch vor einigen hundert Jahren stellten sie sich die **Erde als** eine **flache, wasserumschlossene Insel** vor. Darüber wölbte sich der Himmel wie eine Käseglocke oder eine Zelt und war mit Sternen besetzt.
Die Linie des Horizontes bedeutete für die Menschen das Ende der Welt.
Seit dem 15. Jahrhundertwissen wir, dass die **Erde rund** ist und um die Sonne kreist. Damals begannen die großen Forschungsreisen, und man machte bedeutsame Entdeckungen.
Mit der Erfindung des Fernrohres wurde das **Rätsel der Milchstraße gelöst**.
Einer alten griechischen Sage nach ist die Milchstraße entstanden, als die Göttin Hera ihren Sohn stillte und dabei einige Milchtropfen verlor. In der griechischen Sprache heißt Milch „gala“ und ein Sternensystem bezeichnet man als Galaxis.

In einer dunklen, klaren Winternacht des Jahres **1609** betrachtete der italienische Wissenschaftler **Galileo Galilei** den hellen Streifen am Himmel mit einem Fernrohr. Da erkannte er, dass es sich um eine **Ansammlung unzähliger Sterne** handelt.
Heute wissen wir, dass die Milchstraße ein Sternennebel ist, in dem sich auch unsere Sonne mit der Erde und den anderen Planeten befindet.

- Zeichne auf, wie die Menschen sich die Erde vorstellten.
- Notiere Fragen, auf die der Text Antwort gibt.
  Stelle die Fragen anderen Kindern in der Lesekonferenz.

lebendige Vorstellungen beim Lesen und Hören literarischer Texte entwickeln
gezielt einzelne Informationen suchen

Ein Spion im Weltall

Niemand weiß genau, wie groß das Weltall wirklich ist und was uns dort alles erwartet. Um mehr darüber herauszufinden, benutzen die Wissenschaftler heute nicht mehr nur Fernrohre. Sie haben ein **Weltraumteleskop** gebaut, das in etwa 600 km Höhe die Erde umkreist. Es wurde nach dem amerikanischen Astronomen Erwin **Hubble** das Hubble-Weltraumteleskop genannt. **Seit 1990** zieht das Hubble-Teleskop seine Bahnen um die Erde und kann viele interessante **Bilder und Messdaten** für die Wissenschaftler liefern. Der NASA-Chef, Edward Weiler, sagte 1990 stolz: „Das letzte Mal, dass wir in der Astronomie einen derartigen Sprung gemacht haben war, als Galileo 1610 zum ersten Mal ein Fernrohr benutzt hat."
So konnten die Wissenschaftler mit Hilfe des Teleskops einiges über die Entstehung von Galaxien und über deren Entfernungen zur Erde herausfinden. Einige der Bilder wurden sogar als Hintergrund für Science-Fiction-Serien benutzt.

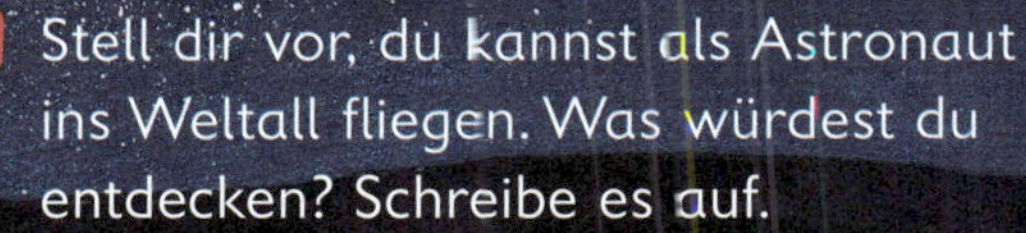

- Stell dir vor, du kannst als Astronaut ins Weltall fliegen. Was würdest du entdecken? Schreibe es auf.
- Was ist ein Teleskop?
  Was ist die NASA?
  Schlage im Lexikon nach.

Wovon träumt der Astronaut auf der Erde

Dass er wie Löwenzahnsamen fliegt
von Stern zu Stern,
fremde Erze entdeckt
und niegesehene Steine.

Wovon wird er als Mann im Mond
einst träumen?

Dass er als Sternschnuppe
heimfallen darf
und ein Gärtchen wiederfindet,
wo die Bienen die Sonnenblumen
erobern.

Christine Busta

lebendige Vorstellungen beim Lesen und Hören literarischer Texte entwickeln
bei Verständnisschwierigkeiten Verstehenshilfen anwenden

AH S. 39

Denk mal!

Es gibt Fragen, die keiner von uns schnell beantworten kann.
Da lohnt es sich, etwas länger darüber nachzudenken.
Dies haben einige Kinder in einem Denkheft getan.

Gibt es Wunder?

Ich glaube schon, dass es Wunder gibt. Für mich ist es z.B. ein Wunder, wenn eine Blume in einer Wüste blüht oder wenn ein Kind gerettet wird. Wunder finde ich auch ein bisschen wie Glück. Für manche Lehrer und Lehrerinnen kann ein Wunder sein, wenn ein Kind die Hausaufgaben plötzlich immer macht, was es vorher fast nie gemacht hat.
Meine Mutter denkt, dass unsere Erde ein Wunder ist, die Lebewesen, die dort leben, wir Kinder, die Menschheit und die Natur. Das denke ich auch, das ist ein richtig großes Wunder.

Mohamed denkt

Wozu ist Traurig sein gut?

Schlecht | Gut

Ich denke, dass es auch gut sein kann, wenn man mal traurig ist. Man überlegt sich dann nämlich genau, warum man eigentlich traurig ist.
Es gibt viele Gründe um traurig zu sein, z.B eine schlechte Note, Streit mit Freunden oder Ärger in der Schule. Die Traurigkeit gehört zum Leben. Wenn man traurig ist, möchte man getröstet werden. Zum Glück werde ich immer getröstet, und das ist ein gutes Gefühl.

- Sammelt in der Klasse Fragen, über die ihr nachdenken wollt.
  Jede Woche wählt ihr eine Frage aus und schreibt sie in ein Denkheft.
  Dann habt ihr die ganze Woche Zeit, darüber nachzudenken
  und eure Gedanken aufzuschreiben.
  Nach der Woche stellt ihr eure Gedanken vor.

Mit Medien leben

In der Zeitung kann man lesen,
was die Journalisten schreiben.
Das ist immer so gewesen,
und so wird es immer bleiben.

Frantz Wittkamp

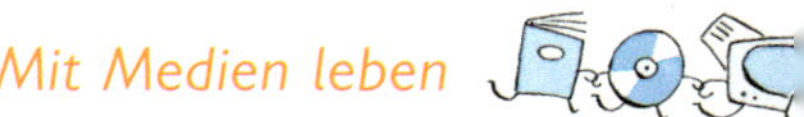

So kannst du Angebote einer Tageszeitung nutzen und auswählen

→ Schritt 1: sich auf der Titelseite über das Wichtigste informieren

Betrachte den **Zeitungskopf** oben auf dem Titelblatt. Hier findest du Namen, Datum und Preis der Zeitung.
Suche den wichtigsten Artikel. Er ist am längsten und steht sozusagen im Mittelpunkt des Titelblatts. Man nennt ihn **Aufmacher**.
Betrachte das zentrale Foto und lies die Bildunterschrift.
Das Foto wird **Bildaufmacher** genannt.
Lies die Hinweise, die auf interessante Artikel in der Zeitung verweisen.
Man nennt sie **Anreißer.**

HALLE / SAALEKREIS

Mitteldeutsche Zeitung

HALLE Bei Trinkgelagen in der Innenstadt drohen künftig Platzverweise. Seite 7

HALLE Auf der Peißnitz entsteht zum fünften Mal eine Kinderstadt. Seite 9

GUTENBERG Malerin präsentiert Erotisches in der Fruchtweinschenke. Seite 13

HEUTE IN DER MZ

Land will Rockerbanden stoppen

KRIMINALITÄT Sachsen-Anhalt macht sich für ein bundesweites Verbot der Hells Angels stark.

Ursprung in USA

Große Luthers, kleine Luthers

Steuersenkung fällt aus

Kanzlerin Merkel hält Entlastung nach Wahldebakel für nicht durchsetzbar. FDP und CSU rücken von Forderungen ab.

ZUM THEMA

→ Schritt 2: Artikel nach eigenem Interesse auswählen

Blättere die Zeitung durch. Suche Artikel, die dich interessieren.
Orientiere dich dabei

- an der **Schlagzeile**. Das ist die Überschrift in fetten Buchstaben.
- an der **Unterzeile**. Das ist eine weitere kleiner gedruckte Überschrift unter der Schlagzeile.

Lies die für dich interessanten Artikel.

→ Schritt 3: Meinungen zu Artikeln kennenlernen und selbst äußern

Suche in der Zeitung nach **Leserbriefen**, in denen die Leserinnen und Leser schriftlich ihre Meinung über einen Artikel äußern.
Schreibe selbst deine Meinung zu einem Artikel in einem Leserbrief auf.

● Angebote in Zeitungen und Zeitschriften, in Hörfunk und Fernsehen, auf Ton- und Bildträgern sowie im Netz kennen, nutzen und begründet auswählen

21. JAHRGANG | NR. 108 | F 9438 — HALLE / SAALEKREIS — WWW.MZ-WEB.DE

Mitteldeutsche Zeitung

ÜBERPARTEILICH & UNABHÄNGIG

DIENSTAG, 11. MAI 2010 — EINZELPREIS: 90 CENT

HALLE Bei Trinkgelagen in der Innenstadt drohen künftig Platzverweise. **Seite 7**

HALLE Auf der Peißnitz entsteht zum fünften Mal eine Kinderstadt. **Seite 9**

GUTENBERG Malerin präsentiert B… in der Fruchtweins… **…te 13**

Anreißer

HEUTE IN DER MZ

PRISMA
TV: Das Programm auf einen Blick

DIE THEMEN

03 MITTELDEUTSCHLAND Mutter kämpft um Hilfe für ihren Sohn

15 SPORT Die neun Köpfe, die das Bundesliga-Jahr prägten

19 WIRTSCHAFT Deutschland findet zu alter Exportkraft

21 RATGEBER REISE Zelturlaub auf dem Floß

22 KULTUR Halles Thalia hat Frankreich im Blick

23 MEDIEN RTL-Soap „GZSZ" feiert 18. Geburtstag

24 PANORAMA Kritik an Flugverboten wächst

mz-web.de

Fotos Hallenser spielen Wittenbergs berühmtestes Paar
www.mz-web.de/fotogalerien

Mobil Was läuft im TV? Was muss man sehen? Was nicht?
www.mz-web.de (per Handy)

GEDANKEN ZUM TAG

„Auch ist das Suchen und Irren gut, denn durch Suchen und Irren lernt man."
Johann Wolfgang von Goethe, deutscher Dichter

IN KÜRZE

EISHOCKEY
Deutsches Team unterliegt den Finnen

KÖLN/MZ - Die deutsche Eishockey-Auswahl hat bei der WM gegen Finnland 0:1 (0:0, 0:1, 0:0) verloren. Sie muss damit wieder um den Einzug in die Zwischenrunde bangen. *Sport*

ANSIEDLUNG
Umstrittener Fabrikbau in Sandersdorf-Brehna

HALLE/MZ/STH - Der Steuerzahlerbund Sachsen-Anhalt kritisiert die Stadt Sandersdorf-Brehna (Anhalt-Bitterfeld), die für einen Investor eine Fabrikhalle vorfinanzieren will. Es sei nicht …

Land will Rockerbanden stoppen

KRIMINALITÄT Sachsen-Anhalt macht sich für ein bundesweites Verbot der Hells Angels stark.

VON HENDRIK KRANERT

MAGDEBURG/MZ - Sachsen-Anhalt setzt sich für ein bundesweites Verbot der Hells Angels ein. Hintergrund sind seit langem andauernde gewalttätige Auseinandersetzungen im Rocker-Milieu. Bereits in der vergangenen Woche hatte Schleswig-Holstein sowohl die Hells Angels als auch die mit diesen rivalisierenden Bandidos verboten. Beide Gangs waren immer wieder heftig aneinander geraten, dabei gab es mehrere Tote. In dem Konflikt geht es meistens um die Vorherrschaft beim Handel mit Drogen und im Rotlichtgeschäft.

Nach dem Verbot in Schleswig-Holstein sei zu befürchten, dass die Rockerbanden auf andere Bundesländer auswichen, sagte Sachsen-Anhalts Innenstaatssekretär Rüdiger Erben (SPD) vor einer heute beginnenden Tagung von Bund und Ländern zum Thema Rocker-Kriminalität. „Daher ist es notwendig, dass das Bundesinnenministerium ein bundesweites Verbot der Hells Angels prüft", sagte Erben der MZ. Zudem müsse darüber nachgedacht werden, eine solche Maßnahme auf andere kriminelle Rockerbanden auszuweiten. Als gewalttätig gelten neben den Hells Angels auch die Bandidos, Gremiums und Outlaws. „Mir ist wichtig, dass es ein bundesweit einheitliches Vorgehen gibt, egal um welche Rockerbande es geht", so Erben.

Auf der Tagung werden die Innenstaatssekretäre unter anderem Berichte zur Situation im jeweiligen Bundesland vorlegen. Erben zufolge halten sich die Aktivitäten der Rocker in Sachsen-Anhalt noch in Grenzen. „Auseinandersetzungen zwischen verfeindeten Klubs haben wir noch nicht, doch so etwas kann schnell umschlagen", so Erben. Daher beobachte die Polizei die Entwicklung sehr intensiv. Allerdings beteiligten sich Mitglieder von Chaptern (Ortsvereinen) der Bandidos und anderer Rockergangs nach Erkenntnissen des Ministeriums bereits an Angriffen auf rivalisierende Vereine in anderen Bundesländern. So waren Mitglieder des Underdog MC Halle im Januar 2009 an einem Angriff von Potsdamer Gremiums auf Mitglieder des Veteran MC Seddin beteiligt. Angehörige der Bandidos Magdeburg wurden vor geplanten Prügeleien mit Hells Angels in Cottbus im Jahr 2006 festgenommen.

Bislang unterhalten vor allem die Bandidos Ortsvereine in Sachsen-Anhalt - und zwar in Magdeburg und Halberstadt. Die Hells Angels haben dagegen noch keine Ortsvereine, sind aber durch ihre Unterstützer, die Red Devils, in Zeitz und Salzwedel vertreten.

Kommentar Seite 4

CLUBS

Ursprung in USA

- **Die Hells Angels** gelten als mächtigster und mitgliederstärkster Rockerclub der Welt . Die „Höllenengel" wurden 1948 von Kriegsveteranen in Kalifornien gegründet. Der erste Ableger in Deutschland entstand 1973.
- **Die Bandidos** wurden 1966 in Texas gegründet. In Deutschland existieren sie seit 1999 - als Antwort auf die massive Präsenz der Hells Angels.
- **Der Outlaws** Motorcycle Club ist der älteste der großen internationalen Rockerclubs. Gegründet wurde er 1935 in den USA. In Deutschland besteht die Gruppe seit 2001.

Große Luthers, kleine Luthers

Die Darsteller der Paare zum Fest „Luthers Hochzeit" im Juni sind gestern in Wittenberg vorgestellt worden. Das erwachsene Paar sind Theresa Bürkner und Christian Herold aus Halle; der Nachwuchs, Annemarie Lischke und Alexander Huth, stammt aus Wittenberg *(Seite 3)*. FOTO: THOMAS KLITZSCH

Steuersenkung fällt aus

Kanzlerin Merkel hält Entlastung nach Wahldebakel für nicht durchsetzbar. FDP und CSU rücken von Forderungen ab.

BERLIN/MAGDEBURG/MZ - Nach dem Wahldesaster in Nordrhein-Westfalen hat Kanzlerin Angela Merkel einen Schlussstrich unter den Koalitionsstreit über Steuersenkungen gezogen. „Steuersenkungen werden auf absehbare Zeit nicht durchsetzbar sein", sagte die CDU-Vorsitzende nach dem Verlust der schwarz-gelben Mehrheit im Bundesrat. Dabei gehe es um den Bundeshaushalt 2011 und 2012. FDP-Chef Guido Westerwelle signalisierte Kompromissbereitschaft, auch die CSU gab das Ziel rascher Steuersenkungen auf. Zuvor hatten mehrere CDU-Ministerpräsidenten auf eine klare Absage an Steuersenkungen gepocht. Sie verwiesen auf die angespannte Haushaltslage in den Ländern und Kommunen. Hinzu kommen drohende Belastungen aus dem Milliarden-Rettungspaket für den Euro.

Derweil hält Landesfinanzminister Jens Bullerjahn (SPD) die kommenden fünf Jahre für entscheidend, um Sachsen-Anhalts Haushalt dauerhaft in Ordnung zu bringen. Um dieses Ziel zu erreichen, müsse das Land pro Jahr 200 bis 300 Millionen Euro einsparen, sagte Bullerjahn gestern. Potenziale hierfür sieht er unter anderem beim Personal oder bei den Landesbetrieben.

ZUM THEMA

SEITE 2 Bullerjahn stellt für den Sparkurs Behörden im Land in Frage

SEITE 4 Leitartikel: Doppelter Zwang

SEITE 5 Schwarz-Gelb leckt seine Wunden nach dem Wahldebakel

Ergebnisse und Hintergründe: www.mz-web.de

ANSICHTSSACHE

Ein Affe wie du und ich

BADESAISON

Seen haben … Qualität

Notiere die Fachbegriffe Zeitungskopf, Aufmacher, Bildaufmacher, Anreißer, Schlagzeile, Unterzeile auf einzelne Pfeile aus Papier. Lege die Pfeile auf die entsprechenden Stellen des Titelblatts.

Die Untergrundorganisation

Es war Ende Juli. Jim, Joe, Zacharias und Elene arbeiteten in den Sommerferien als Redakteure für eine Jugendzeitung. Nebenbei waren sie auch als Detektive tätig. Seit geraumer Zeit wunderten sie sich darüber, wie die meistgekaufte Zeitung der Stadt – „Das aktuelle Abendblatt“ – es schaffte, ihre Meldungen vor allen anderen Medien zu veröffentlichen. Fast schien es so, als ob die Nachrichten zeitgleich mit den Ereignissen erschienen, von denen sie berichteten.

Eines Abends, als Zacharias und Joe zu später Stunde noch unterwegs waren, sahen sie eine dunkle Gestalt, die sich an einem verfallenen Gebäude zu schaffen machte. Sie versteckten sich hinter einem Busch und beobachteten, was da vor sich ging. Plötzlich bemerkten sie einen hellen Lichtschein, es knisterte und Rauch stieg auf. Das Haus stand in Flammen!

Joe schlug vor, sofort Jim und Elene anzurufen, um ihnen von ihrer Beobachtung zu berichten. Zacharias nahm sein Handy, rief die Feuerwehr an und wählte dann die Nummer ihrer Zentrale – des kleinen Büros, in dem sie arbeiteten. Elene ging ran und konnte kaum glauben, was sie von den beiden erfuhr. „Genau darüber habe ich gerade in der Zeitung gelesen, und zwar in der eben erschienenen Ausgabe vom ‚Aktuellen Abendblatt'!“ In diesem Augenblick stolperte Joe über etwas und die Verbindung brach ab. „Oh, das ist ja eine Brieftasche!“, rief er. – „Lass uns reinschauen, um zu sehen, wem sie gehört“, schlug Zacharias vor. Die beiden Jungs öffneten das Portemonnaie und fanden einen Ausweis. Er gehörte einer Person namens Smiles Michigan, wohnhaft in der Baker Street 114.

„Mensch“, grübelte Zacharias, „ob dieser Smiles etwas mit dem Brand zu tun hat? Am besten wir informieren Elene und Jim und treffen uns mit ihnen in der Baker Street, dann können wir uns da mal ein bisschen umschauen.“

In der Baker Street 114 angekommen, entdeckten die vier Nachwuchsdetektive einen tiefer gelegenen Eingang, zu dem eine schmale Treppe hinabführte. Neben der Klingel hing ein kleines Schild, auf dem das Wort „Untergrundorganisation“ zu lesen war. Da die Tür bloß angelehnt war und niemand da zu sein schien, konnten sie ungestört den dahinter liegenden Raum betreten. In einer dunklen Ecke stand ein großer Schreibtisch, darauf lagen neben einem Computer in wildem Durcheinander Papiere, Ordner, Werkzeuge und Zeitungsartikel. Am auffälligsten aber war die Druckerpresse, die neben dem Pult stand. Joe guckte sie sich genauer an. In ihr steckte ein Papier. Joe zog daran und fand eine Zeitungsausgabe: Es war das „Aktuelle Abendblatt“. Die vier konnten es nicht glauben. Sie hatten den Ort gefunden, an dem die meistverkaufte Zeitung der Stadt gedruckt wurde! Das Allerwichtigste fiel

Zacharias in die Hände. Er entdeckte hinter dem Tisch eine Liste, die mit Daten versehen war. Er las sie den anderen vor:

08.07. Entführung
20.07. Banküberfall
28.07 Brandstiftung
02.08 Mord!

„Das müssen wir verhindern“, rief Elene. Den vier Kindern wurde klar, dass die Redakteure des Abendblattes die Verbrechen der vergangenen Wochen selber begangen hatten, um die Verkaufszahlen durch die aktuellste Berichterstattung zu steigern.
Da sagte eine heisere Stimme hinter ihnen: „Was habt ihr hier zu suchen?“ Die vier wirbelten herum. Vor ihnen stand ein Mann mit einem Revolver in der Hand. „Sind Sie Herr Smiles?“, fragte Zacharias zitternd. „Ja, das bin ich. Wie kommst du darauf?“ – „Dann haben Sie also das Feuer gelegt! Wir haben Ihre Brieftasche …“
In diesem Augenblick flog die Tür auf und drei Polizisten betraten den Raum. „Kommissar Nostigen! Sie kommen gerade rechtzeitig. Woher wussten Sie, dass wir hier sind?“ Während die zwei Polizisten Smiles festnahmen, erklärte der Kommissar den Jungs, dass Elene ihn benachrichtigt hatte, nachdem Zacharias und Joe den Ausweis in der Brieftasche gefunden hatten. „Da seid ihr einem der meistgesuchten Verbrecher der Stadt auf die Spur gekommen. Nun fehlt nur noch das Beweisstück.“ – „Das haben wir“, sagte Joe und überreichte ihm die Brieftasche. Als der Kommissar dann noch einen Blick auf die Liste warf, war der Fall für ihn geklärt. „Zum Glück konnte das Schlimmste verhindert werden!“

Eleonore Grahovac, 8 Jahre

Denken sich Journalisten ihre Meldungen manchmal selbst aus?

Dazu meint die Journalistin Dorothee Nolte:
Ja, immer am 1. April! Dann steht fast in jeder Zeitung eine erfundene Meldung. „Schwedische Prinzessin heiratet Teddybär“, „Zeitreise-Maschine erfunden“, „Japaner wird 205 Jahre alt“? Wer's glaubt, wird selig! Aber an normalen Tagen schreiben Journalisten auf, was sie zu wissen glauben. Das muss nicht immer die Wahrheit sein. „Auf die Fanmeile kamen 20 000 Besucher“ kann falsch sein, wenn die Polizei am nächsten Tag die Besucherzahl auf 25 000 korrigiert. Manche Journalisten übertreiben auch gerne ein bisschen, damit eine Nachricht interessanter wirkt. Wenn sie aber bewusst die Unwahrheit schreiben, sind sie schlechte Journalisten.

- Erkläre einem Partnerkind, was der Kommissar mit dem letzten Satz der Geschichte meint.
- Übe den Abschnitt der Geschichte vorzulesen, den du am spannendsten findest.

Quiz für Zeitungsexperten

Zeitungsente	M	Auto für Zeitungsausträger
	K	Falschmeldung in einer Zeitung
	O	besondere Entenart aus China
Zeitungskopf	E	Chef der Zeitung
	F	besonders kluger Artikel
	L	oberer Teil der Titelseite
Aufmacher	A	wichtigster Artikel auf der Titelseite
	R	Pförtner in der Zeitungsredaktion
	M	fett gedruckte Zusammenfassung am Anfang eines Artikels
Auflage	S	besonderer Tisch für Zeitungsleser
	R	Anzahl der Zeitungen, die gedruckt werden
	G	Überschrift eines Artikels

Schlagzeilen

Neuartiger Grippevirus entdeckt

Vierjähriger von Dalmatiner gerettet

Graffiti-Sprayer von Polizei festgenommen

Zeitung in verschiedenen Sprachen

Polnisch	dagblad
Englisch	journal
Spanisch	periodico
Schwedisch	newspaper
Französisch	gazeta

Aufgepasst!

Warum tragen vorsichtige Menschen beim Zeitunglesen einen Sturzhelm?
Weil sie Angst vor den Schlagzeilen haben.

Lösungen S. 196

Kleine Medienkunde

Das Xumu

Bis man das richtige Material zur Herstellung des Xumu erfunden hatte, dauerte es lange Zeit. Die Chinesen waren es, die das Papier erfanden und somit eine wichtige Voraussetzung für die Herstellung von Xumus schufen. Im Mittelalter musste noch jedes Xumu mit der Hand geschrieben werden. Erst die große Erfindung des Johannes Gutenberg machte es dann im 15. Jahrhundert möglich, in kurzer Zeit viele Xumus zu drucken.

Das Kivoka

Das Kivoka gibt es schon seit über 100 Jahren. Es wird über Funk gesendet und man kann es heute überall nutzen, z.B. zu Hause, beim Wandern, beim Autofahren. Das Kivoka empfängt Nachrichten und informiert die Menschen über verschiedene Themen. Es bietet aber auch viel Unterhaltung für seine Hörer.

Der Storpa

Der Storpa ist ein ziemlich modernes Medium. Mit ihm kann man Texte schreiben und diese auch ganz einfach bearbeiten. Ein Storpa kann außerdem Musik und Filme abspielen und vieles mehr. Wenn an den Storpa ein Drucker angeschlossen wird, so überträgt dieser die Darstellung auf dem Bildschirm des Storpas auf Papier.

Leicht verkehrt!

Erkennst du die Titel der Fernsehsendungen?

Die Pfefferkörper

Willi wills missen

Möwenzahn

Schluss Einstein

Unser Landmännchen

STRICKBOXX

Medienberufe

In jedem Beruf ist eine Silbe zu viel. Wenn du die falschen Silben in der richtigen Reihenfolge zusammenfügst, entsteht ein Lösungswort.

Repornachter

Fernsehmoderarichtor

Talktenmaster

Chefrespredakteur

Journacherlist

Das Spiel beginnt

Durch einen Tausch ist Ben an das Computerspiel „Die Stadt der Kinder" gekommen, das er bisher immer nur in der Computer-Abteilung des Kaufhauses ausprobieren konnte.

Endlich war Ben zu Hause. Er rannte in sein Zimmer, schmiss die Schultasche in die Ecke und nahm die CD-ROM aus der Hülle. Seine Hände zitterten, teils vor Aufregung, teils, weil er den ganzen Schulweg zurückgelaufen war. Noch schwer atmend legte er die Scheibe ins Fach. Dann schaltete er den Computer ein. Der Bildschirm flackerte. Ein kurzes Piepsen. Ben begann das Spiel zu installieren. Schließlich quäkte eine schrille, einfache Melodie durch den Raum, dann meldete der Bildschirm:

> DIE STADT DER KINDER
> Das Superabenteuerspiel
> der Computergenies GmbH

Endlich zeigte der Bildschirm die Einkaufsstraße. Kleine Figuren gingen in die Läden hinein und kamen wieder heraus. Auf der Straße fuhren in entgegengesetzter Richtung zwei Autos Schlangenlinien. In der unteren linken Ecke stand die Figur, die Ben mit dem Joystick bewegen konnte. Er probierte die Bewegungsabläufe aus. Gut, es konnte losgehen. Jetzt hieß es, sich zu konzentrieren.
Zuerst einmal die Straße hoch und in den letzten Laden hineingehen. Also Joystick nach vorn. Achtung vor den Autos, die werden nämlich von Kindern gefahren, die keinen Führerschein haben. Deshalb waren sie unberechenbar. Plötzlich fiel ein Blumentopf aus dem zweiten Haus. Dicht neben der Figur prallte er auf die Straße. Das war knapp. In seiner Aufregung hatte Ben diese kleinen, heimtückischen Hindernisse völlig vergessen, die durch das Chaos in der Stadt entstanden. Er musste vorsichtiger sein, denn bis zur vierten Spielebene war es noch ein langer Weg. Hinein in den Laden. Schon sprang das Bild auf eine neue Szene: das Innere des Ladens. Hinter dem Tresen stand eine zwielichtige Gestalt. Ben wusste, dass es kein normaler Verkäufer war. Er war ein heimtückischer Zauberer – einer der letzten Erwachsenen in der Stadt. Vorsicht war geboten. Jeder Schritt der Figur musste wohl überlegt sein auf dem Weg zur Glasvitrine, wo der Schlüssel zum nächsten Bild versteckt war. Entschlossen packte Ben den Joystick. Und schon ... „rring-rrring!" klingelte es an der Haustür. Es war vier Uhr nachmittags, Jennifer wollte für die Mathearbeit üben. Zögernd schob Ben sich von seinem Sitz. Langsam ging er einige Schritte auf die Zimmertür zu, ohne auch nur einen Augenblick den Bildschirm aus den Augen zu lassen. Wer weiß, welchen Schabernack der Zauberer mit seiner Figur treiben würde, wenn er zu lange an einer Stelle stehen blieb? Dann rannte er los, riss die Haustür auf, hechelte ein kurzes „Hallo" hinaus auf die Straße und stürzte schnurstracks

wieder zurück in sein Zimmer. Jennifer blieb mit offenem Mund vor der Haustür stehen. „Was war denn das?“, fragte Miriam. Jennifers beste Freundin hatte nach Schulschluss die tolle Idee gehabt, Jennifer zu begleiten. Langsam tasteten sich die beiden Mädchen hinter Ben her.

Miriam stützte sich auf Bens Stuhllehne, blickte ihm über die Schulter und betrachtete interessiert die Ereignisse auf dem Bildschirm. „Verdammt!“, schimpfte Ben. „Das gibt's doch gar nicht.“ „Was ist denn los?“, fragte Miriam, die sich schon die ganze Zeit darüber wunderte, dass Ben wie wild auf die Tasten haute.

Ben war ganz rot im Gesicht vor Aufregung. Abwechselnd sah er Miriam und Jennifer mit verwirrtem Blick an. Schließlich stieß er einen tiefen Seufzer aus und sagte niedergeschlagen: „Der Zauberer ist weg!“

Andreas Schlüter

Hilfe, mein Kind ist computersüchtig!

Wenn Eltern Warnsignale erkennen, sollten sie klare Regeln aufstellen oder Rat suchen.

„Hausaufgaben? Ach, später! Zimmer aufräumen? Nö, mach' ich morgen! Mit Freunden rausgehen? Keine Lust!“ Vielen Kindern geht's so wie dem 12-jährigen Frank. Nicht nur er setzt sich lieber an seinen Computer. Stundenlang, jeden Tag. Das Potsdamer Gesundheitsministerium hat ermittelt: In Brandenburg verbringt jeder dritte Junge in der 10. Klasse vier Stunden pro Tag an PC, Spielekonsole oder Gameboy. Unter den gleichaltrigen Mädchen spielen rund sechs Prozent täglich. Computerspiele können körperlich abhängig machen. Manche Spieler bekommen Entzugserscheinungen, wenn ihnen das Spielen verboten wird, zum Beispiel Herzrasen und Schweiß auf der Stirn. Weitere Zeichen für eine Sucht: Der Betroffene verspürt ein unwiderstehliches Verlangen, sich vor den PC zu setzen. Und er kann nicht mehr über Beginn, Ende und Dauer entscheiden.

Gegen exzessives Computerspielen ihrer Kinder können Eltern einiges tun. Sie sollten darauf achten, dass der normale Tagesablauf eingehalten wird. Auf keinen Fall sollten sie dem Kind das Essen an den Computer bringen. Sinnvoll ist es, dass Eltern mit dem Kind ein wöchentliches Zeitlimit aushandeln. Das sollte auch am Stück verbraucht werden dürfen, denn eine Stunde bringt bei Online-Spielen nichts. Aber wenn das Limit verbraucht ist, darf das Kind halt auch eine Woche nicht mehr an den PC.

- Wie fühlt sich Ben, als er sein neues Computerspiel installiert? Belege deine Aussage mit Textstellen.
- Gib deine Meinung zum Zeitungsartikel in einem kurzen Leserbrief wieder.

Aussagen mit Textstellen belegen
- Angebote in Zeitungen und Zeitschriften kennen, nutzen und begründet auswählen

Ein Blick in Geolino

Orientiere dich in diesem Inhaltsverzeichnis:

- Auf welcher Seite findest du einen Buchtipp?
- Welches Foto macht dich auf den dazugehörenden Artikel neugierig?
- Auf welcher Seite kann man Leserbriefe finden?

Stellt euch weitere Suchaufgaben.

Inhalt

58 + 64

Voll komisch: unser Karnevalsbeitrag – alles über Humor! Außerdem: tolle Basteltipps für Masken, hinter denen sich Jecken verstecken

…chenskinder: Keiner …esser! Erlin aus Peru lebt im …onas-Regenwald – und jagt …e mit Pfeil und Bogen

Diesmal:

Jedes Mal:

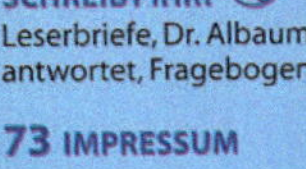

- Schätze ein, ob dir dieses Inhaltsverzeichnis bei der Auswahl von Artikeln nützlich ist und dich zum Lesen anregt.
- Welche Kinderzeitschriften kannst du in deiner Bibliothek ausleihen?

Fernsehfragen

Warum begeistert das Fernsehen Kinder so?
Der Bildschirm bietet ständig Abwechslung, Spannung und Abenteuer. Mit einem Tastendruck kann man sich die Welt – egal ob Fantasie oder Wirklichkeit – ins Zimmer holen. Man kann zum Beispiel Abenteuer und Geschichten miterleben, Sportereignisse verfolgen und sich über vieles informieren. Durch die Fernbedienung und die vielen Programme kann man schnell von einem Angebot zum nächsten schalten.

Was schauen sich Kinder verschiedenen Alters besonders gerne an?
Kleine Kinder sehen am liebsten Sendungen, bei denen man etwas lernen kann, und Zeichentrickfilme, die sie in Märchen und Abenteuerwelten entführen. Ab sechs Jahren beginnen sich die Interessen von Mädchen und Jungen zu unterscheiden. Jungen sehen dann besonders gern Actionfilme, die Mädchen entwickeln eine Vorliebe für Show- und Musikprogramme sowie für Serien, in denen Familie und Tiere eine wichtige Rolle spielen.

Lies die Überschriften. Betrachte das Diagramm.
Worüber informieren dich die Texte auf dieser Seite? Enthalten sie Informationen
- über Fernsehinteressen von Jungen und Mädchen?
- über die interessantesten Sportsendungen?
- darüber, wie viele Minuten Jungen täglich fernsehen?

„logo!“ – einfach gut informiert

19.50 6 logo! Die Welt und ich.
20.00 10 KI.KA live
20.15 9 Projekt Klick – Neues aus der Medienwelt

Neues im Test: Ben berichtet von der Spielemesse in Köln 90-925-562

Schon für manche Erwachsene sind die täglichen Nachrichten ziemlich kompliziert. Wie erklärt man aber Achtjährigen das Wahlsystem oder einem Viertklässler den Nahost-Konflikt? Die ZDF-Nachrichtensendung „logo!“, vom Kinderkanal ausgestrahlt, zeigt, wie's funktioniert und erklärt das Weltgeschehen so, dass Kinder und Jugendliche es verstehen.

KI.KA

Eva Radlicki war von Anfang an dabei im „logo!“-Team. „Als wir 1989 die ersten „logo!“-Nachrichten produziert haben, hat uns ein Teil der Kollegen der anderen Nachrichten noch nicht richtig ernst genommen“, erzählt sie. Doch die Zeiten seien vorbei. „Heute ist ‚logo!‘ voll akzeptiert, und die Redakteure von den Nachrichten für Erwachsene fragen schon mal nach, wie man etwas Kompliziertes möglichst einfach erklärt.“ Tauchen in den Nachrichten komplizierte Begriffe auf, haben sich die typischen „logo!“-Grafiken besonders bewährt. Mit einfachen Mitteln werden etwa so die Pendlerpauschale, die Folgen der Finanzkrise oder die Menschenrechte erklärt.

Zwei Moderatorinnen und zwei Moderatoren begleiten abwechselnd durch die Sendungen. Zusätzlich gibt es Kinderreporter, die zum Beispiel Politiker, Sportler oder Filmstars interviewen. In „logo!“ wird auch über Themen berichtet, die Kinder besonders interessieren, also etwa über Tiere, Umweltschutz oder Schule. „Logo!“ ist täglich im Programm des KI.KA zu sehen.

SCHLAU-TV Diese Sendungen vermitteln Wissen

6 **Löwenzahn** SO 16.00 KIKA | SA 10.35 und SO 8.35 ZDF
6 **Wissen macht Ah!** SA 8.00 ARD
Am 14.8.: „Sind wir heute dran?“
7 **neuneinhalb** SA 8.25/11.00 ARD
Thema am 21.8., 8.25: „Gamescom“
7 **Was ist Was TV** SA 11.15 und SO 10.45 NICK
6 **logo!** SA 8.50 ZDF | SA/SO 19.50 MO–DO 16.18/19.50 FR 19.25 KIKA

9 TIPP
Projekt Klick
Auf der Spielemesse gamescom stellt Ben in vier Specials die neusten Trends aus der Medienwelt vor und nimmt soziale Netzwerke wie „schülerVZ“ unter die Lupe.
Mo, 16.8.–DO, 19.8. 20.15 KIKA

Falls du zu Hause kein Internet hast, kannst du den Computer in deiner Bibliothek nutzen.

- Gehe im Internet auf **www.kika.de**. Informiere dich dort über „logo!“. Finde heraus, zu welchen Zeiten „logo!“ an Wochentagen und am Wochenende gesendet wird.

Zeitungsschlappen-Bastelei

Ihr braucht:

viel Zeitungspapier,
Filzstift, Tacker,
Klebeband, Schere

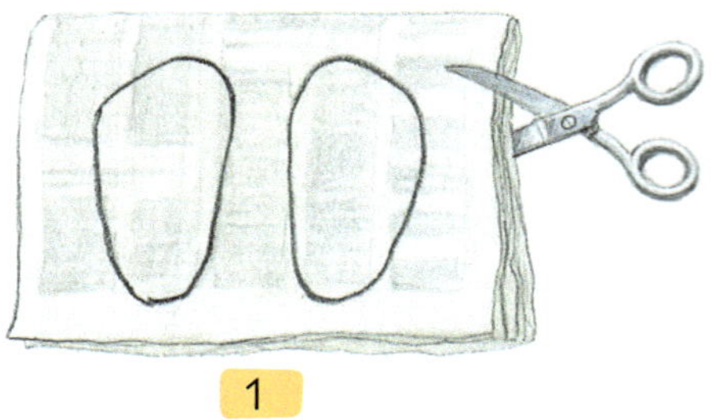

1

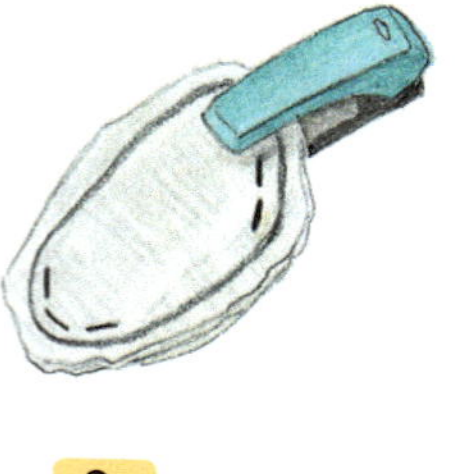

2

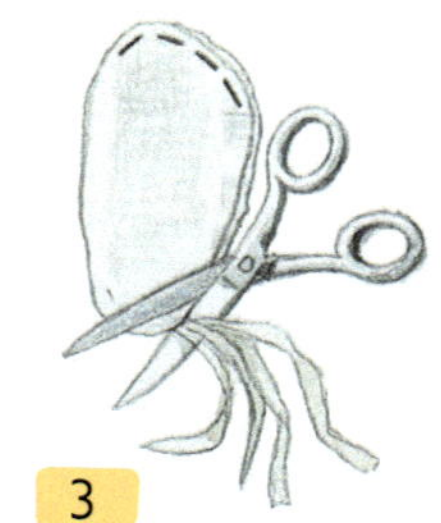

3

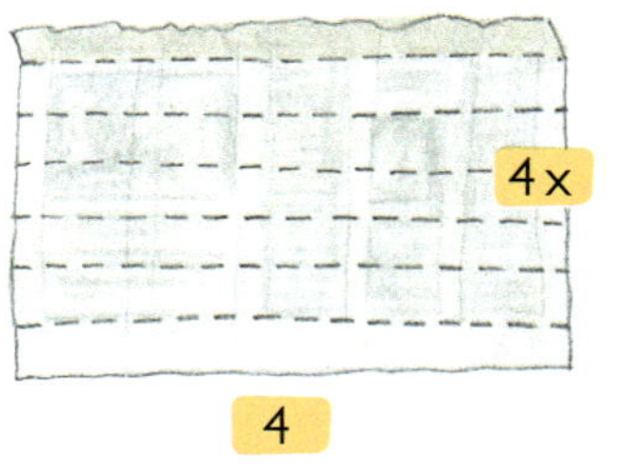

4

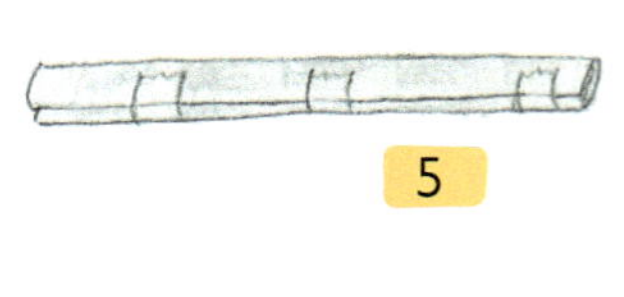

5

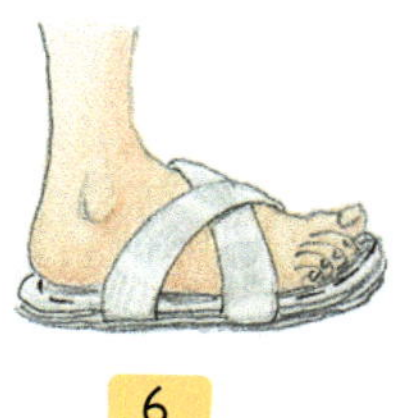

6

So geht es:

1 Lege zwölf Zeitungsseiten übereinander.
Stelle deine Füße darauf.
Zeichne die Umrisse mit einem Filzstift nach.

2 Schneide die Umrisse grob aus.
Tackere die Papiersohlen zusammen.

3 Schneide die Sohlen dann sauber nach.

4 Nimm vier halbe Zeitungsseiten für die Riemen.
Knicke sie jeweils zu 2 cm breiten Streifen.

5 Klebe das Ende mit Klebestreifen fest.

6 Stelle einen Fuß auf die passende Zeitungssohle und schiebe die Enden zweier Streifen links vom Fuß zwischen die sechste und siebte Lage der Sohle. Lege die Streifen gekreuzt über den Fuß und schiebe sie auf der rechten Seite ebenfalls zwischen die Zeitungslagen.

7 Ruckele die Streifen ein wenig hin und her, bis sie gut sitzen.
Ziehe deinen Fuß nun vorsichtig heraus und tackere die Streifen fest. Befestige die Riemen beim zweiten Schlappen genauso.

Und nun heißt es LOSLATSCHEN!

nach Antje von Stemm

Für Krimiliebhaber und Gruselfans

Gruselett

Der Flügelflagel gaustert
durchs Wiruwaruwolz,
die rote Fingur plaustert,
und grausig gutzt der Golz.

Christian Morgenstern

So kannst du eine Autorin/einen Autor vorstellen

→ Schritt 1: Informationen über die Autorin/ den Autor sammeln und auswählen

Suche nach Informationen über die Autorin/ den Autor.

Du kannst folgende Informationsquellen nutzen:
Die Homepage eines Autors, ein Kinderlexikon, ein Schriftstellerlexikon, den Klappentext eines Buches, Hinweise auf den ersten oder letzten Seiten eines Buches, Autobiografien, Interviews …
Wähle Informationen und Bildmaterial aus, die für dich **wichtig**, **interessant** und **verständlich** sind.

→ Schritt 2: ein Autorenporträt erstellen

Ordne die Informationen und das Bildmaterial nach folgenden Bereichen:

- Lebensweg (Geburtsort und Geburtsdatum, Kindheit und Jugend, Ausbildung und Beruf …)
- bekannte Werke (z.B. Bücher, Theaterstücke …)
- Besonderheiten aus dem Leben (z.B. besondere Ereignisse, Vorlieben, Zitat oder Sprüche …)
- dein Lieblingsbuch der Autorin/des Autors (Titel, Thema, Cover).

Überlege dir eine sinnvolle und ansprechende Anordnung der Texte und Bilder. Hebe die Überschrift hervor (Größe, Farbe, Schriftart).

Kindheit und Jugend

- *23.02.1899 in Dresden geboren*
- *Sohn eines Sattlers und einer Friseuse*
- *mit 14 Jahren Besuch des Lehrerseminars*
- *…*

Autorenporträt: Erich Kästner

Gestatten: Erich Kästner

Erich Kästner: Als ich ein kleiner Junge war

Ich las und las und las. Kein Buchstabe war vor mir sicher. Ich las Bücher und Hefte, Plakate, Firmenschilder, Namensschilder, Prospekte, Gebrauchsanweisungen und Grabinschriften, Tierschutzkalender, Speisekarten, Mamas Kochbuch, Ansichtskartengrüße.
Ich las, als wär es Atemholen. Als wär ich sonst erstickt. Es war eine fast gefährliche Leidenschaft. Ich las, was ich verstand und was ich nicht verstand. „Das ist nichts für dich“, sagte meine Mutter, „das verstehst du nicht!“
Ich las es trotzdem. Und ich dachte. „Verstehen denn die Erwachsenen alles, was sie lesen?“

Wer lesen kann, hat ein zweites Paar Augen, und er muss nur aufpassen, dass er sich dabei das erste Paar nicht verdirbt.

- **www.rossipotti.de/inhalt/literaturlexikon.html**
- **www.kaestnerfuerkinder.net**

Gestalte ein Autorenporträt über Erich Kästner. Sammle dazu weitere Informationen und wähle aus.

Emil und die Detektive

Erich Kästner (1899–1974) gelang 1929 mit dem Buch „Emil und die Detektive" der Durchbruch als Kinderbuchautor. Eigentlich ist Emil ein Musterknabe. Und ein Landei dazu. Doch als es ihn nach Berlin verschlägt, zeigt er, was alles in ihm steckt. Mit einer Kinderbande jagt er den Verbrecher Grundeis.

Als Gustav und der Professor die Bank betraten, stand der Mann im steifen Hut bereits an einem Schalter, an dem ein Schild mit der Aufschrift „Ein- und Auszahlungen" hing, und wartete ungeduldig, dass er an die Reihe käme. Der Bankbeamte telefonierte. Der Professor stellte sich neben den Dieb und passte wie ein Schießhund auf, Gustav blieb hinter dem Mann stehen. Dann kam der Kassierer an den Schalter und fragte den Professor, was er wolle.

„Bitte sehr!", sagte der, „der Herr war vor mir da." – „Sie wünschen?", fragte der Kassierer nun Herrn Grundeis. „Wollen Sie mir, bitteschön, einen Hundertmarkschein in zwei Fünfziger umtauschen und für vierzig Mark Silber geben?", fragte dieser, griff sich in die Tasche und legte einen Hundertmarkschein und zwei Zwanzigmarkscheine auf den Tisch.

Der Kassierer nahm die drei Scheine und ging damit zum Geldschrank. „Einen Moment!", rief da der Professor laut. „Das Geld ist gestohlen!" – „Waaas?", fragte der Bankbeamte erschrocken, drehte sich um; seine Kollegen, die in den anderen Abteilungen saßen und kopfrechneten, hörten auf zu arbeiten und fuhren hoch, als hätte sie eine Schlange gebissen. „Das Geld gehört gar nicht dem Herrn. Er hat es einem Freund von mir gestohlen und will es nur umtauschen, damit man ihm nichts nachweisen kann", erklärte der Professor.

„So was von Frechheit ist mir in meinem ganzen Leben noch nicht vorgekommen", sagte Herr Grundeis, fuhr, zum Kassierer gewandt, fort: „Entschuldigen Sie!", und gab dem Professor eine schallende Ohrfeige.

„Dadurch wird die Sache auch nicht anders", meinte der Professor und landete bei Grundeis einen Magenstoß, dass der Mann sich am Tisch festhalten musste. Und jetzt hupte Gustav dreimal entsetzlich laut. Die Bankbeamten sprangen auf und liefen neugierig nach dem Kassenschalter.

Der Herr Depositenkassenvorsteher stürzte zornig aus seinem Zimmer. Und – durch die Tür kamen zehn Jungen gerannt, Emil allen voran, und umringten den Mann mit dem steifen Hut.

„Was, zum Donnerkiel, ist denn mit den Bengels los?", schrie der Vorsteher.
„Die Lausejungen behaupten, ich hätte einem von ihnen das Geld gestohlen, das ich eben Ihrem Kassierer zum Wechseln einzahlte", erzählte Herr Grundeis und zitterte vor Ärger.
„So ist es auch!", rief Emil und sprang an den Schalter. „Einen Hundertmarkschein und zwei Zwanzigmarkscheine hat er mir gestohlen. Gestern Nachmittag. Im Zug, der von Neustadt nach Berlin fuhr! Während ich schlief." –
„Ja, kannst du das denn auch beweisen?", fragte der Kassierer streng.
„Ich bin seit einer Woche in Berlin und war gestern von früh bis abends in der Stadt", sagte der Dieb und lächelte höflich. „So ein verdammter Lügner!", schrie Emil und weinte fast vor Wut. „Kannst du denn nachweisen, dass dieser Herr hier der Mann ist, mit dem du im Zug saßest?", fragte der Vorsteher. „Das kann er natürlich nicht", meinte der Dieb nachlässig. „Denn wenn du allein mit ihm im Zug gesessen haben willst, hast du doch keinen einzigen Zeugen", bemerkte einer der Angestellten. Und Emils Kameraden machten betroffene Gesichter.
„Doch", rief Emil. „Doch! Ich habe doch einen Zeugen! Er heißt Frau Jakob aus Groß-Grünau. Sie saß erst mit im Coupé. Und stieg später aus. Und sie trug mir auf, Herrn Kurzhals in Neustadt herzlich von ihr zu grüßen!" – „Es scheint, Sie werden ein Alibi erbringen müssen", sagte der Depositenkassenvorsteher zu dem Dieb. „Können Sie das?" – „Selbstverständlich", erklärte der. „Ich wohne drüben im Hotel Kreid ..." –
„Aber erst seit gestern Abend", rief Gustav „Ich habe mich dort als Liftboy eingeschlichen und weiß Bescheid, Mensch!"
Die Bankbeamten lächelten ein wenig und gewannen an den Jungen Interesse. „Wir werden das Geld am besten vorläufig hier behalten, Herr ...", sagte der Vorsteher und riss sich von einem Block einen Zettel ab, um Namen und Adresse zu notieren.

Erich Kästner

- Erich Kästner verarbeitet in seinem Roman Erinnerungen aus seiner Kindheit. Welche findest du in diesem Buchauszug?
  - Erich Kästner turnte in seiner Freizeit in einem Turnverein.
  - Ein Spielgefährte von Kästner hieß Gustav Kießling.
  - Als Junge zahlte er für seine Tante oft Geld auf der Bank ein.
- Informiere dich, wann das Buch verfilmt wurde.

So ein Theater – gemeinsam eine Szene vorbereiten und spielen

1. Wenn ihr Szenen aus „Emil und die Detektive“ oder aus einem anderen Kinderbuch vorbereiten und spielen möchtet, können euch Rollensteckbriefe helfen.

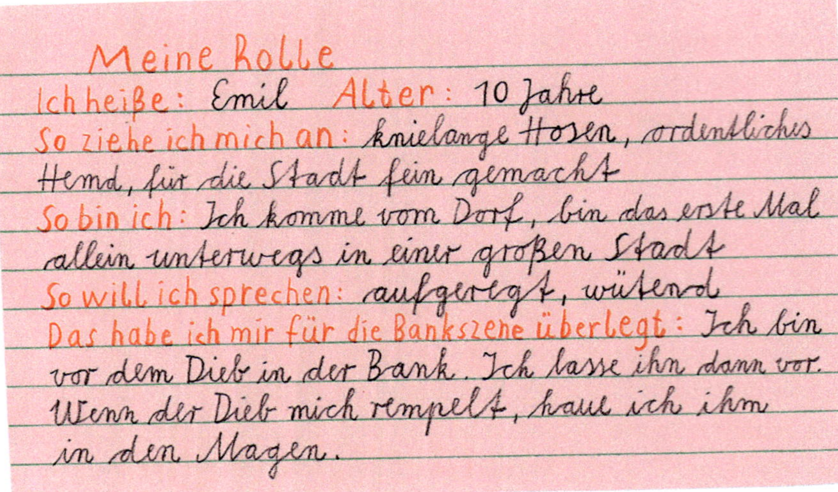

Meine Rolle

Ich heiße: Emil Alter: 10 Jahre

So ziehe ich mich an: knielange Hosen, ordentliches Hemd, für die Stadt fein gemacht

So bin ich: Ich komme vom Dorf, bin das erste Mal allein unterwegs in einer großen Stadt

So will ich sprechen: aufgeregt, wütend

Das habe ich mir für die Bankszene überlegt: Ich bin vor dem Dieb in der Bank. Ich lasse ihn dann vor. Wenn der Dieb mich rempelt, haue ich ihm in den Magen.

2. Wollt ihr im Spiel den genauen Text der Figuren aus dem Buch sprechen, so müsst ihr die wörtliche Rede herauslösen. Notiert auch weitere Hinweise dazu in Klammern.

Bankbeamter *(freundlich, sich leicht verbeugend)* Guten Tag, der Herr. Womit kann ich dienen?

Herr im steifen Hut *(sucht das Geld heraus, brubbelt mit leicht unterdrückter Stimme)*: Tag. Wollen Sie mir, bitteschön, einen Hundertmarkschein in zwei Fünfziger umtauschen und für vierzig Mark Silber geben?

Professor *(schreit laut)* Einen Moment! Das Geld ist gestohlen!

Emil *(unterstützt den Professor, aufgeregt)* Das ist ein Dieb. Glauben Sie ihm kein Wort!

Bankbeamter *(verwundert, verunsichert)* Waaas? Aber Junge, so was kann man doch nicht einfach behaupten. Verzeihung, der Herr.

Herr im steifen Hut *(schiebt Emil weg, Emil wehrt sich und haut ihm in den Magen)* Verschwinde!

Bankbeamter *(beruhigend; überlegend)* Nanana. Kannst du beweisen, was du gesagt hast?

Emil *(nimmt das Geld, hält es hoch)* Na klar! Hier, ein Hunderter und zwei Zwanziger!

Bankbeamter *(kopfschüttelnd)* Das ist kein Beweis, Junge.

Herr im steifen Hut *(lacht hämisch)*

Emil *(sicher)* Meine Scheine haben Löcher von der Nadel. Sehen Sie doch nach!

Bankbeamter *(hält Scheine gegen das Licht, erstaunt)* Tatsächlich!

(Herr im steifen Hut reißt Geld weg, rennt raus, stößt andere Kundin um, Bankbeamter hupt, Schild: Überfall, Emil rennt hinterher, alle Jungen, die vor der Bank warten, rennen hinterher)

3. Man kann den Text und die Hinweise zum Spiel auch in einer übersichtlichen Tabelle festhalten. Entscheidet euch, wie ihr vorgehen möchtet.

Wer?	Was?	Wie?	Welche Requisiten?
Bankbeamter	Guten Tag, der Herr. Womit kann ich dienen?	schnell, zuvorkommend	Füller in der Hand, Brille, Anzug, streng zurückgekämmtes Haar
der Mann mit dem steifen Hut	Tag. Wollen Sie mir, bitteschön, einen Hundertmarkschein in zwei Fünfziger umtauschen und für vierzig Mark Silber geben?	brubbelnd, mit leicht unterdrückter Stimme	Geldbörse, Geld, Hut

Tag ... ähh ... Ich habe meinen Text vergessen.

- Schreibt für weitere Figuren dieser Szene Rollensteckbriefe.
- Spielt zu viert die Szene vor.

Fünf Freunde und das Burgverlies

Enid Blyton (1897–1968)

Vor etwa hundert Jahren wurde sie in London geboren: Enid Blyton, die erfolgreichste Kinderbuchautorin der Welt. Aufgewachsen ist sie in der englischen Grafschaft Kent. Mit vierzehn hat sie erste Gedichte geschrieben, bald auch Bücher – die aber keiner haben wollte.

So wurde Enid Blyton erst einmal Kindergärtnerin. Als sie später schließlich erfolgreich war, ließ sie ein Zimmer ihres Hauses mit 300 „Absage-Briefen" tapezieren. 1922 erschien ihr erstes Buch. Ihm folgten noch rund 700 weitere spannende Kinderabenteuer. Eine halbe Milliarde ihrer Bücher sind in aller Welt verkauft worden. Sie wurden in mehr als dreißig Sprachen übersetzt.

„Wir sind da", flüsterte Julius, und seine Worte wanderten durch das Dunkel und kamen als Echo zurück: „... da-da-da!"
„Kommt mit, aber vorsichtig!", sagte Julius. „Außer Metall wird alles sofort in Staub zerfallen. Einmal niesen und alles löst sich in Wohlgefallen auf." –
„Bring mich nicht zum Lachen, Ju", bat Richard.
„Lachen ist hier genauso gefährlich und deshalb verboten."

Hohe, dunkle Gewölbe lagen vor ihnen, die nicht nach Verliesen aussahen.
„Gott sei Dank!", sagte Harriet. Sie hatte wie Anne befürchtet, dass sie Gebeine elend umgekommener Gefangener finden würden.
„Seht, hier ist ein Durchgang." Der Schein von Georgs Taschenlampe huschte über die Wand rechts von ihnen. „Und dort ist noch einer. Gehen wir mal durch und sehen, was dahinter ist? Hier in der Halle ist doch nichts als Staub und Schmutz und modrige Luft."
Hinter den beiden Bogentüren lag ein großer Raum. An den Wänden entlang türmten sich Sachen und Geräte aller Art in wildem Durcheinander. Eine dicke Staubschicht, die beim leisesten Lufthauch aufstob, bedeckte alles. Wie von Magneten angezogen, steuerten die Kinder auf das Durcheinander zu.
„Ob wertvolle Sachen dabei sind?", flüsterte zuerst Anne und dann viele Male das Echo.
„Komisch. Wenn man flüstert, gibt es mehr Echo als bei normaler Stimme", sagte Julius. „Was ist denn das?"
Vor ihm auf dem Boden lag unter einer Staubschicht ein welliges Etwas, das bei flüchtiger Betrachtung aussah wie flüssiges, schwarz gewordenes Metall.

Julius beugte sich hinunter und betrachtete es genau. „Seht ihr, was es ist?“, rief er. „Eine Rüstung! Noch fast unversehrt, trotz ihres großen, großen Alters. Und da ist noch eine und noch eine! Seht euch doch nur diese Helme an! Herrlich!“ –
„Hat das heute noch Wert?“, fragte Harry besorgt.
„Wert? Wahrscheinlich sein Gewicht in Gold!“, versicherte Julius. Er hatte ganz heiße Backen bekommen.
„Julius, schnell!“, rief plötzlich Harriet. „Hier ist eine Kiste!“ Die anderen gingen ganz langsam zu Harriet hinüber. Sie wussten inzwischen, dass jede schnelle Bewegung Wolken von feinem Staub aufwirbelte. Harriet stand vor einer großen, schwarzen Holzkiste mit Eisenbeschlägen an den Ecken und Eisenbändern um die dicke Mitte.
„Was glaubt ihr, was da drin ist?“, flüsterte sie, und „drinist – drinist – ist – st“ flüsterte es aus allen Ecken zurück.

Enid Blyton

- Welche Informationen über Enid Blyton würdest du im Autorenporträt den Besonderheiten aus dem Leben zuordnen?
- Welche Buchreihen liest du besonders gern?

Verräterische Fußspuren – was gehört zusammen?

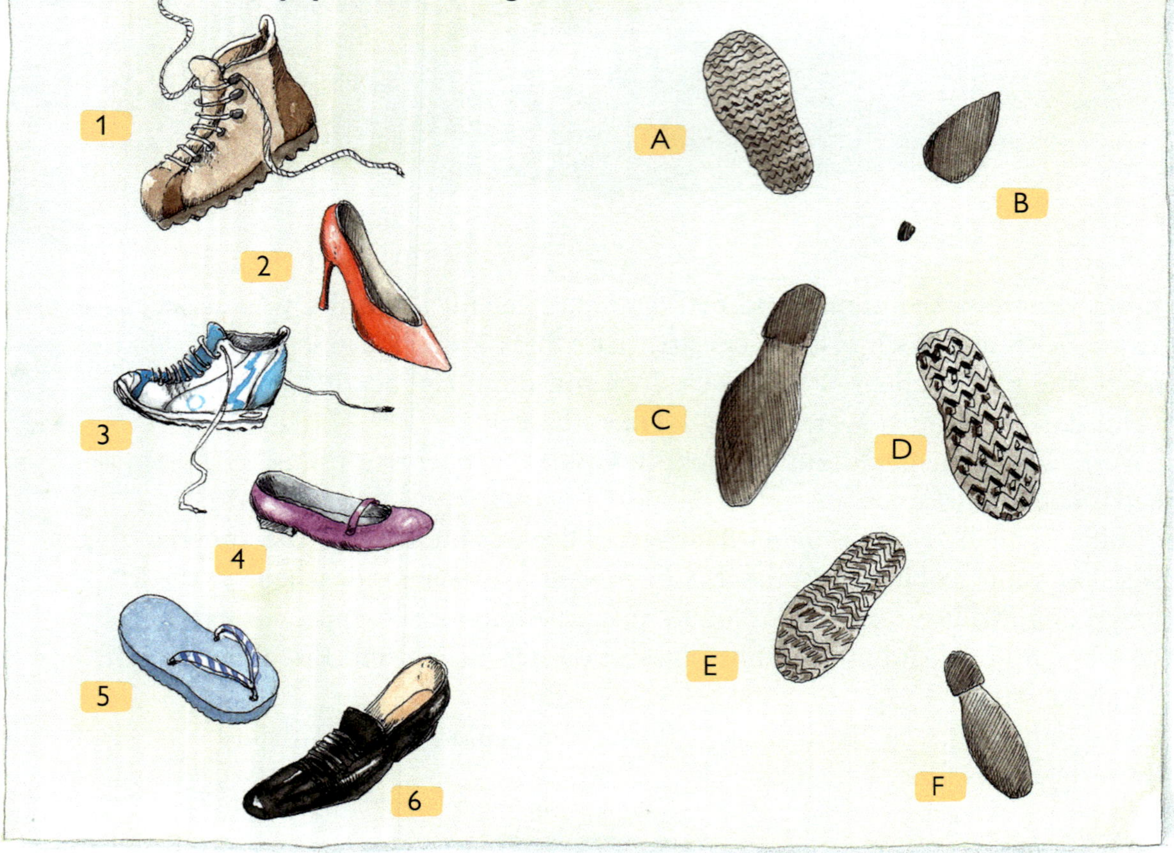

1 2 3 4 5 6

A B C D E F

Kurzkrimi: Kommissar Kniepels 62. Fall „Das Testament“

Ein guter Bekannter von Kommissar Kniepel ist gestorben. Dessen Sohn hat vom Notar einen Brief erhalten.
Im verschlossenen Tresor soll sich das Testament für die Erbschaft befinden. Findest du auch die Zahlenkombination heraus?

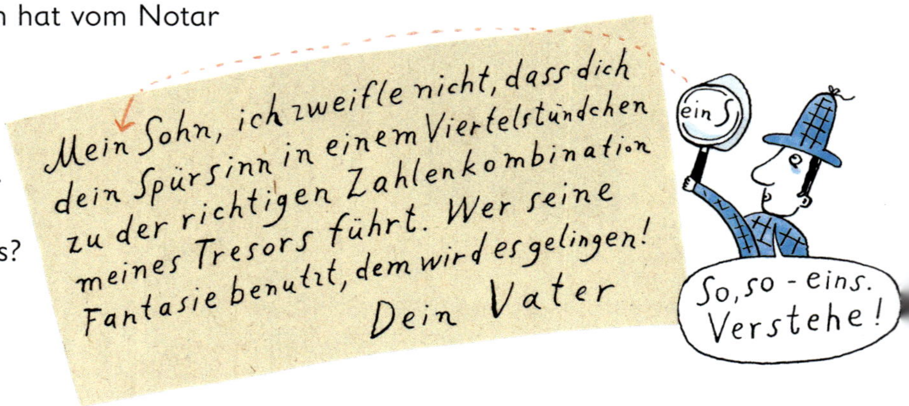

Mein Sohn, ich zweifle nicht, dass dich dein Spürsinn in einem Viertelstündchen zu der richtigen Zahlenkombination meines Tresors führt. Wer seine Fantasie benutzt, dem wird es gelingen!
Dein Vater

Detlef Kersten

1 ? ? ? ?

Lösungen S. 196

Verschlüsselte Botschaft in Geheimsprache

LEWOPINUR HEMALÜROS DESIKEPAN EL HOKEMUR FARTIN AL GOMRINU WENLUDIR ENDIWUS GUFAROKEL ZIGUSERIN.

Galerie des Grauens:
Welches ist das Porträt von Graf Gruselig?

Die Gemälde von Graf und Gräfin Grauenvoll hängen nebeneinander.
Baron Borstig und Baronin Blutegel sind durch zwei andere Gemälde getrennt.
Baron Borstig hängt nicht ganz links.

Vampiriges aus der Vampirspeisekammer

Flevamderpirmausleber

Froschpirauvamgen

Würvammerlunpirgen

Spinvamnenohpirren

Tavamrantelpirherz

Lösungen S. 196

Gibt es Dracula wirklich?

Dracula, mit ursprünglichem Namen Vlad Tepes, Sohn des Vlad Dracul, lebte im 15. Jahrhundert in Transsilvanien. Als Fürst regierte er das von allen Seiten umkämpfte Land zwischen 1456 und 1462. Ein Zeitgenosse beschreibt ihn so: „Lange Wimpern umrahmten seine grünen, weit geöffneten Augen ... Er hatte einen Furcht erregenden Gesichtsausdruck ..."

Vlad Tepes führte viele Kriege, er galt als unerschrockener, brutaler Feldherr. Gefangene ließ er grausam töten: Er spießte sie auf hölzerne Pfähle und stellte diese dann zur Abschreckung auf. Das brachte ihm den Beinamen „Dracula (Drache, Teufel)" ein.

Auf diesen mittelalterlichen Gewaltherrscher stieß der Schriftsteller Bram Stoker, als er Material für seinen berühmten Schauerroman suchte. Ihn faszinierte das Land Transsilvanien. Der blutrünstige Vlad Tepes war ein willkommenes Vorbild. Und das zutiefst abergläubische, ferne Transsilvanien zeigte sich als die perfekte Heimat für den Vampirfürsten. Der Schriftsteller fand in alten Dokumenten und Aufzeichnungen genaue Berichte über die Grauen erregenden Bräuche in diesem Land. So war es üblich, die Toten wieder auszugraben, um zu sehen, ob sie sich nicht in Vampire verwandelt hatten. Fand man den Leichnam unverwest, verteilten die abergläubischen Bauern Knoblauch über die Toten und schlugen einen Holzpflock in ihr Herz. Jenes Land hinter den Bergen liegt im heutigen Rumänien. Hier steht Schloss Bran, in dem Vlad Tepes für kurze Zeit lebte, und hier ließ Bram Stoker seine Romanfigur lebendig werden. Heute ist Schloss Bran eine Touristenattraktion. Von nah und fern strömen die Menschen herbei.

- Gib den Inhalt des Textes wieder.
  Fertige dazu einen Stichwortzettel an.
- Finde heraus, wann der Autor Bram Stoker lebte.

Die drei ??? – Stadt der Vampire

Die drei Detektive Peter, Justus und Bob haben noch nie an Vampire geglaubt. In ihrem neuen Fall versetzt jedoch eine riesengroße Fledermaus die Kleinstadt Yonderwood in Angst und Schrecken. Nachdem einige Bewohner mit Bissspuren am Hals und einer Menge Blut in ihren Betten erwacht sind, scheint es so, als müssten die drei Detektive ihre Meinung ändern …

Justus stöhnte entnervt auf. „Peter! Bitte! Es gibt keine Vampire! Finde dich damit ab!" „Da wäre ich mir nicht so sicher", meldete sich plötzlich Bob mit Grabesstimme zu Wort. Justus und Peter fuhren herum.
Der dritte Detektiv biss sich zögernd auf die Lippen. „Folgendes habe ich herausgefunden. Yonderwood wurde im Jahre 1871 tatsächlich von einem Einwanderer und Steinmetz namens Alexandru Zelea gegründet. Er dachte, es gäbe hier Gold, aber außer ein paar Nuggets wurde nie etwas gefunden. Interessant ist nun aber etwas anderes, nämlich der doch ziemlich seltsame Name des Ortes. Yonderwood heißt ja übersetzt so viel wie Jenseits der Wälder. Übersetzt man nun dieses Jenseits der Wälder wiederum ins Lateinische, dann ergibt das das Wort", Bob hielt einen Moment inne und sagte dann mit bedeutungsschwerer Stimme: „Transsylvanien! Von dorther stammt Zelea, und das ist, wie wir alle wissen, auch die Heimat des Grafen – Dracula!" „Graf Dracula?" Peter sprang aus seinem Sessel auf und starrte Bob entsetzt an. „Dieser … dieser Alex Dingsda, der Yonderwood gegründet hat, kommt aus derselben Gegend wie Graf Dracula?" Bob nickte unmerklich.
„O Gott!" Peter ließ sich wieder in einen Sessel fallen und raufte sich die Haare. „Das ist die Erklärung! Natürlich! Wahrscheinlich haben die damals seine Frau abgemurkst oder seine Kinder oder ihn selbst. Und weil dieser Typ ein Nachfahre von Dracula ist, rächt er sich jetzt auf diese Weise an den Bürgern von Yonderwood! Irgendetwas Schreckliches muss damals passiert sein."
„Jetzt mach aber mal halblang, Peter!" Justus bemühte sich, so gelassen wie möglich dreinzublicken, obwohl es ihm nach Bobs Erklärung zunächst einmal die Sprache verschlagen hatte. „Nicht jeder, der aus Transsylvanien stammt, ist automatisch ein Nachfahre jenes blutrünstigen Grafen, der –" „Es beißt auch nicht jeder, der aus Transsylvanien kommt, anderen Leuten in den Hals!", fiel Peter Justus ins Wort.
„… jenes blutrünstigen Grafen", fuhr Justus unbeirrt fort, „der zudem – bitte zuhören! – nur eine Figur aus der Horrorliteratur ist."

Marco Sonnleitner

Was bedeutet Dracula ist eine Figur aus der Horrorliteratur? Tauscht euch aus. Nutzt auch Seite 178.

Alles für die Gruselparty

Das Kostüm
Ziehe ein schwarzes T-Shirt, schwarze Strümpfe, Hosen und Schuhe als Grundkostüm an.
Dann brauchst du entweder:

- einen schwarzen Umhang für den Vampir,
- ein Netz für die Spinne oder
- gezeichnete Knochen aus Papier zum Aufnähen für den Knochenanzug.

Schminktipps
Mit weißer, schwarzer und etwas roter Schminke kannst du dich in den Knochenmann, das Spinnen- oder Vampirgesicht verwandeln.

Gruselgetränk Nr. 1:
Vampirblut
Mische Kirschsaft oder rote Brause mit roten Gummibärchenteilchen.

Lecker!

Dazu ein Gruselsnack:
Monsterkopf
Ritze unterschiedliche Gruselgesichter in Schokoküsse.

Guten Appetit!

Dekoration:
Schwarze Spinne
Bohre in jede Seite einer schwarz gefärbten Styroporkugel vier Löcher. Stecke acht Pfeifenputzerstücke hinein. Klebe ein paar Augen auf. Nun hänge die Spinne noch auf.

Bereite mit Freunden eine Gruselparty vor. Stellt eine Liste gruseliger Spiele zusammen.

Im Sommer

Nachts beim offenen Fenster

Ich ahne vieles, was ich nicht seh:
Am Rand des Waldes steht ein Reh.
Die Vögel schlafen im Geäst,
Leuchtkäfer feiern Sommerfest
auf meiner Wiese.

Die Steine werden kühl und schwer,
ruhn von der Tageshitze aus.
Der Himmel ist ein dunkles Meer,
als Leuchtturm glänzt der Mond heraus.

Ich wünsch mir viele Sommernächte,
so schön wie diese.

Georg Bydlinski

So kannst du mithilfe von Textstellen genau begründen und erklären

→ Schritt 1: die Frage zum Text/die Aussage genau lesen

Finde wichtige Wörter. Unterstreiche sie.

Finde ähnliche Wörter.

→ Schritt 2: die passende Textstelle finden und genau lesen

Suche Wörter aus dem Cluster im Text.
Lies die Sätze, in denen die Wörter vorkommen.

Er war acht Jahre alt und viel allein, besonders jetzt in den großen Ferien.

→ Schritt 3: prüfen, ob die Textstelle die Frage zum Text beantwortet/die Textaussage belegt

Prüfe: Begründet die gefundene Textstelle die Aussage?

Ja: Nutze die Textstelle für eine Begründung.

Nein: Suche nach weiteren passenden Textstellen zur Begründung.

Die Reise nach Sundevit

Am Fuße des Leuchtturms von Möwenort, weitab von jedem Dorf und jeder Stadt, wohnte in einem schönen Rohrdachhaus Timm Tammer. Er war acht Jahre alt und viel allein, besonders jetzt in den großen Ferien. Eines Morgens, als Timm sehr früh zum Strand hinunterlief, entdeckte er fünf kleine Zelte, zwei graue und drei grüne, die Leinwand straff vom Tau der Nacht. Sie ruhten im Heideland hinter der hohen Düne, umeinandergeschart wie schlafende Küken.
Vor dem obersten Zelt steckte senkrecht im Sand ein blauer Wimpel. Sein Tuch schlug flink im Wind, und Timm hörte das hurtige Flattern winzig und fremd vor dem großen Gebrause der See. Der Wimpel und die Zelte waren einsam, ohne Wache, keine Menschenseele war zu sehn. Ein schwarzer Kochtopf lag umgestülpt neben dem Wimpelschaft, und über den Zeltschnüren hingen in bunter Reihe Badehosen und drei, vier, fünf Badeanzüge.
Also sind auch Mädchen dabei, dachte Timm, und keine Wache. Sie schlafen die ganze Nacht und lassen alles ohne Wache.
Man müsste ihnen den Wimpel rauben.
Dann sah Timm sich um, rundherum, und erschrak ein bisschen. Zehn Schritte hinter ihm stand ein Junge, stand dort ganz stumm und blickte aufmerksam herüber. Jetzt kam er näher, und Timm ließ ihn kommen, rührte sich nicht von der Stelle.
Der Junge war lang und dünn und hatte kohlschwarzes Haar bis in die Stirn. Er war größer als Timm und älter als Timm, so ungefähr elf bis zwölf Jahre alt. Vor Timm blieb er stehen und sagte: „Na?"
Timm sagte ebenfalls: „Na?", und der Junge fing an zu lächeln, betrachtete ihn von Kopf bis Fuß und fragte: „Wolltest du was Bestimmtes?"
„Ja", sagte Timm. „Den Wimpel rauben."
„Soso", sagte der Junge und lächelte weiter. „So siehst du aus."

Benno Pludra

Die Geschichte spielt im Sommer. Stimmt das? Begründe mithilfe von zwei Textstellen.

Die Reise nach Sundevit (Fortsetzung)

Der Junge, dem Timm begegnet, heißt Hermann. Sie freunden sich schnell an. Hermann erzählt, dass er mit einer Gruppe Kinder eine Wanderung zum Kap Sundevit unternimmt. Gern würde Timm mitkommen!

Hermann stand auf. „Ich gehe wecken. Gehst du mit?“ Sie traten von einem Zelt zum andern, lösten die Verschnürungen und schlugen die Plane zurück. Und jedesmal rief Hermann: „Aufstehn, aufstehn! Raus aus den Federn!“

In den Zelten war es dämmerig und warm, und Timm fand es sehr gemütlich. In jedem lagen vier oder fünf Schläfer. Aus dem Zelt, wo der Wimpel stand, kam ein Athlet gekrochen, und aus dem Zelt mit den Badeanzügen kamen fünf Mädchen. Sie standen ein bisschen verschlafen da und guckten nach dem Wetter. Der Athlet war ein Meter achtzig groß, bronzebraun und blond, das Haar ganz kurz.

„Das ist Addi“, sagte Hermann zu Timm, „unser Gruppenleiter. Elfte Klasse. Sport und Mathe Meister. Wie findest du ihn? Gut? Ich finde ihn gut.“

Timm sah zu, wie sich Addi die Trainingsjacke über den Kopf zog. Unter der glatten Haut spielten die Muskeln. Timm bewunderte Addi. Er sagte zu Hermann: „Ich finde ihn auch gut.“

Inzwischen hatten sich alle Jungen und Mädchen vor den Zelten versammelt. Es waren genau achtzehn. Sie freuten sich über die Sonne und riefen immer wieder: „Morgen, Leute, guckt mal den Himmel an, ganz blau.“

Timm stand stumm dabei. Er lächelte, ohne es zu wissen, bis er merkte, dass ihn die ganze Truppe neugierig anstarrte.

Ein Mädchen sagte: „Der sieht ja so echt aus. Ist er von hier?“

Alle hörten es, und Timm sah sich umgeben von lauter lustigen Gesichtern. Er wurde rot, aber weil er so braun war, brauner noch als Addi, merkte das keiner. „Ihr guckt wie auf dem Jahrmarkt“, sagte Hermann.

„Das ist Timm vom Leuchtturm.“

„Vom Leuchtturm. Oha!“

In die Stille sagte auf einmal Hermann: „Könnten wir ihn nicht mitnehmen? Ich meine Timm, den könnten wir doch eigentlich mitnehmen!“

Erst dachte Timm, er hätte sich verhört, aber Hermann guckte ihn ruhig an, und weil alle fragend schwiegen, sagte Hermann: „Timm ist ganz alleine hier. Er würde gern wandern, so wie wir. Nicht wahr, würdest du doch, Timm?“

Timm schaute reihum und nickte eifrig.

„Seht ihr …“, sagte Hermann. „Da könnten wir ihn doch mitnehmen. Warum soll denn das nicht gehen, dass wir ihn mitnehmen?“

Für Addi aber war die Sache nicht so einfach. Er dachte an die Verantwortung. Timm war ein wildfremder Junge. Addi kannte ihn keine fünf Minuten, wusste rein gar nichts über ihn, nur dass er hier lebte und allein war. Reichte das aus, um ihn mitzunehmen?

Addi sah in die wartenden Gesichter. Er hätte antworten können: Es gibt Vorschriften. Ich würde den Timm gerne mitnehmen, aber die Vorschriften … Gewiss wäre dies die einfachste Antwort gewesen.

Doch die einfachste Antwort ist nicht immer die beste.

Timm, Hermann, die ganze Gruppe, alle blickten unverwandt zu Addi, und den meisten wurde langsam der Nacken steif. In Timm aber sank die Hoffnung, die ihn eben noch emporgetragen hatte; er blickte von Addi weg und dachte: Wieder mal zu früh gefreut.

Da sagte Hermann: „Was ist denn nun Addi.“

Und ein Junge, den sie Biber nannten, sagte: „Da hätten wir gleich einen, der hier oben alles kennt.“

Benno Pludra

- Wie wird sich Addi wohl entscheiden? Begründe.
  Wie würdest du dich entscheiden?

eigene Gedanken zu Texten entwickeln, zu Texten Stellung nehmen und mit anderen über Texte sprechen

Sommertage

Im Gras

Schönes, grünes, weiches Gras.
Drin
liege ich
mitten zwischen Butterblumen!
Über mir,
warm,
der Himmel:
ein weites, zitterndes Weiß,
das mir die Augen langsam, ganz langsam
schließt.
Wehende Luft … ein zartes Summen.
Nun
bin ich fern
von jeder Welt,
ein sanftes Rot erfüllt mich ganz,
und deutlich spüre ich, wie die Sonne mir durchs Blut rinnt –
minutenlang.
Versunken alles. Nur noch ich.
Selig.

Arno Holz

Mein Tag

Ich bin ein kleiner Grashalm auf einer großen Wiese. Jeden Tag strahlt die Sonne und mein Tag beginnt. Es summen Bienen an mir rum, es laufen Ameisen hin und her. Es scheint die Sonne über mir. Bricht mich jemand ab, bin ich kein kleiner Grashalm mehr auf einer großen Wiese.

Sophia, 9 Jahre

Welcher der Tag- und Nachttexte auf dieser Doppelseite gefällt dir am besten? Begründe.

Sommernächte

Abendlied

Mond
Baum
Abendruh
Mond
Traum
Augen zu
Mond
Wolke
Silberlicht
Mond
Mond
Rede nicht

Max Kruse

Die kleine Nachtfee

Es war einmal ein dunkler Wald. Dort, wo er am dunkelsten war, stand ein Haus. Jeden Abend öffnete sich die Tür und die Nachtfee verteilte die Nacht über das Land. Dann ritt sie auf Sternentänzer, dem Sterneneinhorn, aus. Das macht sie heute noch.

Isabelle, 8 Jahre

Mittsommernacht

Die Mittsommernacht ist für die Länder der nördlichen Halbkugel die kürzeste Nacht des Jahres. Sie wird auch „weiße Nacht“ genannt, denn gerade in den skandinavischen Ländern, wie Finnland, Schweden und Norwegen, wird es kaum dunkel. In der Mittsommernacht, vom 21. zum 22. Juni, wird daher in vielen Ländern ein großes Fest gefeiert. In Finnland heißt es „Juhanus“ und in Schweden „Midsomar“. Dort ist es das zweitgrößte Fest nach Weihnachten und alle Verwandten, Freunde und Nachbarn treffen sich, um gemeinsam zu feiern. Früher glaubte man, die Mittsommernacht sei magisch und die Natur würde zum Leben erwachen. Dann tanzen die Elfen auf der Wiese und die Trolle stehen hinter den Bäumen im Wald.

Die Mitsommernacht wird in den skandinavischen Ländern gefeiert. Finde eine passende Textstelle, die diese Aussage begründet. Nutze die Schritte von Seite 182.

Unser Sternenhimmel

In einer besonders warmen, langen Sommernacht macht es Spaß, einmal ganz in Ruhe den Himmel zu beobachten. Geht hinaus auf eine Wiese oder in den Park, manchmal reicht schon der Balkon. Setzt oder legt euch in eine bequeme Beobachterposition. Ihr seht unzählig viele Sterne. Bestimmte Sterne bilden Muster am Himmel. Das sind die Sternbilder: Bis jetzt sind 88 Sternbilder am Himmel benannt worden. Ihre Namen erhielten sie vor langer Zeit nach Tieren, Gottheiten und Helden. Die zu einem Sternbild gehörigen Sterne scheinen dicht aneinanderzuliegen. In Wirklichkeit sind sie sehr weit voneinander entfernt.

Der Mond

Der Mond ist nur 384 400 km von der Erde entfernt und somit der nächste Himmelskörper. Er wird auch als Satellit der Erde bezeichnet, weil er durch die Anziehungskraft der Erde an sie gebunden ist und sie umkreist.

Die Sternbilder

Das auffällige Sternbild der Cassiopeia sieht aus wie ein W. Für die Griechen war das die hochmütige Königin Cassiopeia, die an den Himmel verbannt wurde. Oft wird das Sternbild auch Himmels-W genannt.

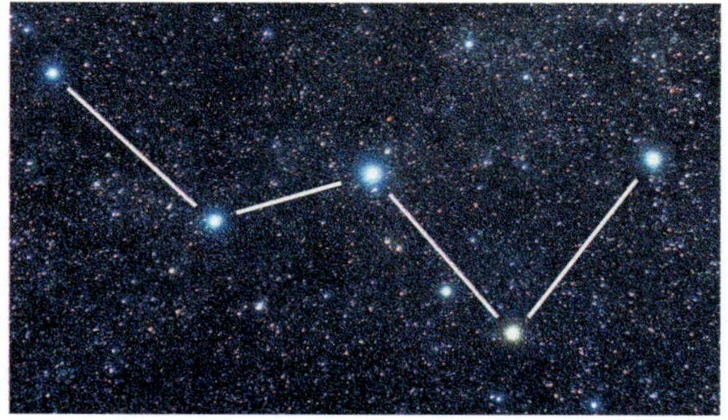

Das Sternbild Großer Wagen heißt auch Großer Bär, weil die alten Griechen glaubten, es sei ein verzauberter Bär. Es besteht aus sieben hellen Sternen.

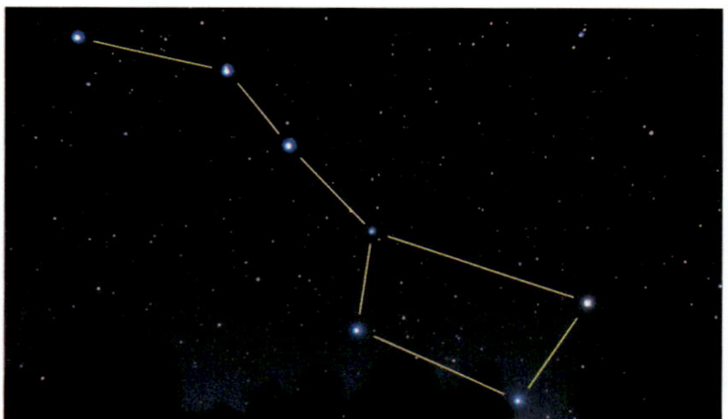

Finde weitere Sternbilder. Informiere dich in Zeitschriften oder im Internet oder …
Erkläre einem Partnerkind, wie du dir Informationen suchen willst.

Angebote in Zeitschriften sowie im Netz kennen, nutzen und begründet auswählen

Sternschnuppen

Mit etwas Glück kannst du in jeder klaren Nacht Sternschnuppen beobachten. Es sind Steinbrocken, die verglühen, wenn sie in die Lufthülle der Erde eintauchen. Das sieht aus, als würde ein Stern vom Himmel fallen.

Polaris

Der Stern, um den sich der ganze Himmel zu drehen scheint, heißt Polaris. Man nennt ihn auch Nordstern oder Polarstern. Viele glauben, er sei der hellste Stern des Himmels. Es gibt aber etwa 50 Sterne, die heller sind. Der Polarstern ist von großer Bedeutung, weil er die Nordrichtung angibt. Mit seiner Hilfe kann man sich überall orientieren. Für die Seefahrer früher war er ebenso wichtig wie ein Kompass. Der Nordpolarstern ist der letzte Stern im Sternbild Kleiner Wagen.

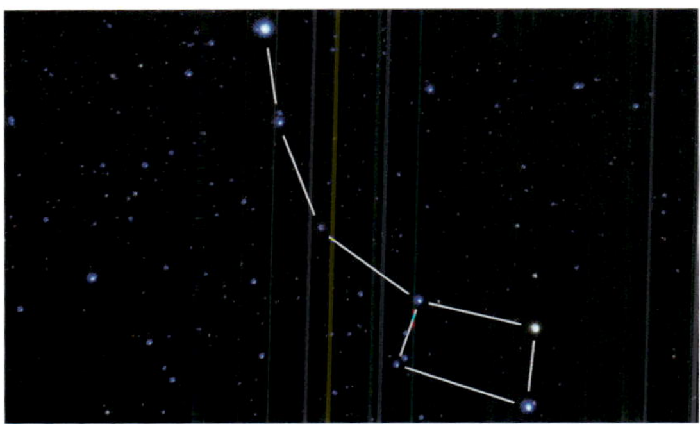

Unser Sonnensystem

Die Sterne, die um eine Sonne kreisen, heißen Planeten. Planeten haben keine eigene Leuchtkraft. Sie leuchten nur, weil sie von der Sonne bestrahlt werden. Im All gibt es unzählige Sonnen, die von Planeten umkreist werden. Sie heißen Sonnensysteme.

1 Sonne	4 Erde	7 Saturn
2 Merkur	5 Mars	8 Uranus
3 Venus	6 Jupiter	9 Neptun

Der Merkur liegt der Sonne am nächsten. Der Polarstern heißt Cassiopeia. Stimmt das? Belege deine Antworten mit zwei Textstellen.

Beliebte Reiseziele

LINITAE DNESWCHE BRITGORSANNISEN KÜTIER

Spiel für den Urlaub: Ich kenn ein Land, das du nicht kennst …

Ein Mitspieler fängt an und denkt sich ein verrücktes Land aus:
Ich kenne ein Land, das du nicht kennst, da spielen die Affen Flöte. Dieses Land heißt Filibien.
Der nächste Mitspieler darf das Land genauer erklären.
In Filibien sind die Menschen sehr müde. Nie aber finden sie Schlaf. Deshalb murren die Menschen ständig herum. Eines Tages kam ein Flötenspieler in die Stadt. Durch den Klang seiner Flöte konnten plötzlich alle Menschen schlafen. Damit nun immer die Flötentöne erklingen, gaben sie den Affen die Flöten, damit immer jemand Flöte spielen kann. Mit der Zeit wurden auch die Affen zu wahrhaft wunderbaren Flötenspielern.

Zeitungsannonce

Für meine Sommerreise nach Ägypten suche ich einen Begleiter, der mir Rucksack und Reisekosten trägt.

Die Mutter am Strand:

„Wir müssen gehen, Kinder. Also sagt mir jetzt, wo ihr Papi vergraben habt.“

Abschied mal anders

Goodbye! Adiós! Au revoir!
Arrivederci! Güle, güle! Do widzenia!
Türkisch Italienisch Englisch
Polnisch Spanisch Französisch

Lösungen S. 196

Wer ist Leon?

Martin hat ein blaues T-Shirt an. Karl trägt nichts Gestreiftes und hat Locken. Jakob steht nicht neben Leon und liebt Fußball.

Krabbliges

Eine Ameise krabbelt auf einen Baum, der 11 m hoch ist. Jeden Tag schafft sie 3 m, rutscht dann aber vor Erschöpfung 1 m wieder herunter. Wie viele Tage braucht sie, bis sie ihr Ziel erreicht hat?

Witziges

Lehrer: „Welchen Nutzen hat die Sonne?"
Schüler: „Überhaupt keinen! Nachts scheint sie nicht, und am Tag ist es sowieso hell."

Bilderrätsel

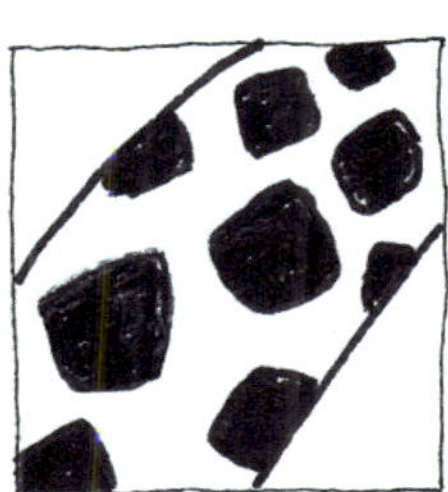

Vögel fliegen von Baum zu Baum

Auf drei Bäumen sitzen insgesamt 56 Vögel. Nachdem vom ersten Baum 7 Vögel auf den zweiten Baum und dann vom zweiten Baum 5 Vögel auf den dritten Baum geflogen waren, saßen nun auf dem zweiten Baum doppelt so viele Vögel, wie auf dem ersten Baum und auf dem dritten Baum doppelt so viele Vögel wie auf dem zweiten Baum.

Lösungen S. 196

Abschied

Es
ist
jetzt
Endstation.

Wir
müssen
jetzt
umsteigen.

Bleib
dran.

Du
wirst
es
noch
schaffen.

Wie
Albert
Einstein.

Fai, 10 Jahre

Goodbye

Die Grips-Grundschule
Goodbye
Meine Freunde
Goodbye
Der Fußballplatz
Die Lehrerinnen und Lehrer
Goodbye
Alles Goodbye

Boris, 11 Jahre

- Wenn ihr mit euren Freunden in Verbindung bleiben möchtet, tauscht eure Adressen, Telefonnummern und Email-Adressen aus.

Glossar (Fachbegriffe):

das Abecedarium: Ein Abecedarium ist ein Text, der nach dem Alphabet sortiert ist. Oft nutzt man ein Abecedarium, um sich an den Inhalt eines Textes besser erinnern zu können.

das Akrostichon: Das Akrostichon ist eine Form, bei der z.B. die Anfangsbuchstaben jeder Zeile, hintereinander gelesen, einen Sinn ergeben: einen Namen oder einen Satz.

der Artikel: (1) Der Artikel ist der Begleiter eines Nomens (der, die, das, ein, eine).
(2) Der Artikel in einer Zeitung ist ein redaktioneller Text. Er beantwortet die W-Fragen und gibt Hintergrundinformationen.

die Autorin/der Autor: Eine Autorin/ein Autor schreibt Texte, z.B. für Bücher oder für Zeitungen.

die Ballade: Die Ballade ist ein erzählendes Gedicht mit mehreren → Strophen. Sie greift oft ein mittelalterliches oder märchenhaftes Thema auf. Die Ballade endet häufig mit einer überraschenden Wendung.

der Bänkelsänger: Früher zogen Bänkelsänger von Ort zu Ort und sangen den Leuten schaurige oder spannende → Geschichten vor. Diese Art von Geschichten nennt man Moritat. Oft hatten Bänkelsänger große gemalte Bilder dabei, die sie zu ihrem Vortrag zeigten.

der Brief: Ein Brief ist eine auf Papier geschriebene oder gedruckte schriftliche Nachricht. Sie wird meistens von einem Boten übermittelt und enthält eine für einen Empfänger persönliche Nachricht von einem Absender.

das Cluster: Das Cluster-Verfahren ist eine Methode des Sammelns von Gedanken. Ein zentrales Wort wird in die Mitte eines Blatt Papiers geschrieben und umkreist. Davon ausgehend werden Wörter aufgeschrieben, die einem zu diesem Wort einfallen. Auch diese werden umkreist und durch einen Strich mit dem vorherigen Wort verbunden.

der Comic: Comics sind gezeichnete Bildergeschichten. Die Texte sind meist kurz und stehen oft in Sprech- und Denkblasen. Comic ist die Abkürzung von Comic Strip, das bedeutet: komische Streifen.

das Cover: Der Einband eines Buches heißt Cover.

das Diagramm: In einem Diagramm werden Informationen grafisch dargestellt, z.B. als Säulen oder Balken oder kreisförmig.

das Elfchen: Elfchen sind Gedichte, die aus elf Wörtern in fünf Zeilen bestehen: 1. Zeile, ein Wort = eine Farbe; 2. Zeile, zwei Wörter = etwas, was diese Farbe hat; 3. Zeile, drei Wörter = wo es ist; 4. Zeile, vier Wörter = noch etwas mehr erzählen; 5. Zeile, ein Wort = ein abschließendes Wort

die Erzählung: Erzählung ist ein anderes Wort für → Geschichte. Die Erzählung ist meist kürzer als ein Buch, es gibt weniger Figuren und Handlungen.

die Fabel: Eine Fabel ist eine kurze → Geschichte, in der Tiere, Pflanzen oder die Elemente wie Menschen handeln. Die Menschen können sich in einer Fabel wie in einem Spiegel wiedererkennen. Aus der Fabel soll der Leser eine Lehre ziehen. Die ersten Fabeln hat Aesop geschrieben, der in Griechenland lebte.

die Fußnote: Eine Fußnote ist eine weiterführende Erklärung eines Wortes in einem Text. Diese Anmerkung steht meist unten auf einer Buchseite, damit man den Text fließend lesen kann.

das Gedicht: Gedichte sind kleine Kunstwerke aus Wörtern. Meist sind sie in kurzen Zeilen (→ Versen) geschrieben. Gleich klingende Enden von Versen nennt man → Reim. Lange Gedichte haben oft mehrere → Strophen.

die Geschichte: Geschichten erzählen etwas, was wirklich geschehen ist oder was sich jemand ausgedacht hat. Sie können aufgeschrieben oder mündlich erzählt sein. Ein anderes Wort für Geschichte: → Erzählung.

das Glossar: Das Glossar ist eine Liste von Wörtern mit Erklärungen.

das Haiku: Das Haiku ist eine japanische Gedichtform. Haiku-Gedichte handeln von der Natur, von den Jahreszeiten, von den Elementen Feuer, Wasser, Luft, Erde und von den Beziehungen eines Ichs dazu. Im Japanischen haben Haikus eine feste Silbenzahl. Die drei → Verse enthalten 17 Silben: 1. Zeile = 5 Silben; 2. Zeile = 7 Silben; 3. Zeile = 5 Silben

die Illustration: Eine Illustration ist eine Zeichnung, die einen danebenstehenden Text erläutert.

die Illustratorin/der Illustrator: Eine Illustratorin/ein Illustrator zeichnet Bilder für Bücher, z.B. für Märchenbücher oder Kinderbücher.

das Inhaltsverzeichnis: In einem Inhaltsverzeichnis sind alle Kapitel oder Texte aufgelistet, die ein Buch enthält. Seitenzahlen helfen, sich zurechtzufinden. Auch Zeitungen und Zeitschriften haben manchmal Inhaltsverzeichnisse.

das Internet: Das Internet ist ein Netzwerk, das Computer weltweit über Telefonleitungen und Funkkanäle miteinander verbindet (vernetzt). Dadurch entsteht ein weltweites Netz, auf Englisch WorldWideWeb (www.).

die Legende: (1) Legenden sind → Geschichten über das Leben der Heiligen. Diese Heiligen werden vorbildlich und gottesgefällig dargestellt, um die Leser oder Hörer zu belehren. Legenden wurden früher in katholischen Klöstern zum Namenstag der Heiligen vorgelesen. Wie die → Sage erzählt die Legende von Menschen, die wirklich gelebt haben. Erzählelement der Legende ist das Wunder.
(2) Eine Legende ist die Liste der Bedeutungen der Symbole, z.B. eines → Diagramms, einer Landkarte oder eines Stadtplanes.

das Lexikon: Ein Lexikon ist ein Buch, das zu Wörtern aus vielen Bereichen kurze Erklärungen gibt. Damit man die Wörter gut auffinden kann, sind sie nach dem Alphabet geordnet. Die Mehrzahl von Lexikon heißt Lexika.

das Märchen: Märchen sind besondere → Geschichten, die früher nur mündlich weitergegeben wurden. Viele Märchen beginnen mit „Es war einmal". Im Märchen ereignen sich wunderbare Dinge, die in der Wirklichkeit nicht passieren können. Es kommen merkwürdige Wesen, wie z.B. Hexen und Feen, Riesen und Zwerge oder sprechende Tiere vor. Am Ende siegt immer das Gute.

der Rap: Ein Rap ist ein Sprechgesang. Das Wort kommt aus dem Englischen R.a.p. = Rhythm and poetry; auf Deutsch: Rhythmus und Poesie.

die Redewendung: So nennt man fest zusammengehörende Wortgruppen, die man nicht wörtlich nehmen darf. Redewendungen drücken oft etwas in einem Bild aus. Ein anderes Wort für Redewendung: Redensart.

der Reim: Als Reim bezeichnet man gleich klingende Enden von zwei → Versen (Endreim).

das Rezept: Ein Rezept ist eine genaue Gebrauchsanleitung zur Zubereitung eines Gerichts.

der Roman: Ein Roman ist eine ausgedachte lange schriftliche → Erzählung.

der Sachtext: Sachtexte informieren über Dinge, Ereignisse oder Zusammenhänge, die es wirklich gibt oder gegeben hat. Sachtexte findest du im Lesebuch z.B. auf den Seiten 135 und 144. Zusätzlich zu Sachbüchern kann man sich über Sachverhalte auch im → Internet informieren.

die Sage: Sagen sind besondere → Geschichten mit einem wahren Kern, die früher mündlich weitergegeben wurden. Die Sage erzählt von einem bestimmten Ort und bestimmten Personen. Sie berichtet über nicht alltägliche, häufig wunderbare Ereignisse. In einer Sage können Tiere sprechen, es gibt Menschen mit übernatürlichen Kräften und wie im → Märchen Hexen, Riesen, Zwerge und andere wunderbare Figuren. Die Sprache ist eher einfach und oft im Dialekt der Region, in der sie spielt.

der Schwank: Der Schwank ist eine kurze, komische → Erzählung, in der es häufig um die Verspottung eines Dummen durch einen Schlauen geht. Der Schwank lebt von Späßen und Streichen. Die Sprache ist derb und drastisch. Das Geschehen wird übertrieben dargestellt.

die Spielanleitung: Eine Spielanleitung erklärt die Spielregeln eines Spiels, z.B. die Anzahl der Spieler und die Anordnung der Spielteile zu Spielbeginn.

der Steckbrief: In einem Steckbrief werden knapp und listenartig die wichtigsten Daten einer Person oder eines Tieres genannt. Früher wurden Steckbriefe an öffentlichen Orten aufgehängt, um aus einem Gefängnis geflohene Personen wiederzufinden.

die Strophe: → Gedichte und Lieder haben meist mehrere Strophen. Eine Strophe besteht aus Zeilen (→ Versen), die sich oft reimen.

die Szene: Die Szene ist ein kurzer, abgeschlossener Teil eines Theaterstücks oder eines Films. In einem szenischen Spiel können einzelne Szenen einer → Geschichte dargestellt werden.

die Tabelle: Eine Tabelle ist eine geordnete Darstellung von Texten. Die Inhalte werden in Zeilen und Spalten angeordnet.

das Tagebuch: In einem Tagebuch werden regelmäßig eigene Erlebnisse, Aktivitäten und Gefühle aufgezeichnet.

der Titel: Ein Titel ist der Name eines Buches (Buchtitel). Auch Filme haben einen Titel.

der Verlag: Im Buchverlag werden Bücher entwickelt. Im Zeitschriftenverlag werden Zeitschriften entwickelt.

der Vers: Eine Reihe nebeneinanderstehender Wörter sind eine Zeile; man nennt sie in einem → Gedicht Vers. Oft wird der Vers durch einen → Reim beendet. Es gibt aber auch reimlose Verse.

der Zungenbrecher: Ein Zungenbrecher ist eine bestimmte Wortfolge ähnlicher Wörter, die schnell mehrmals hintereinander wiederholt werden soll. Zungenbrecher werden häufig zur Belustigung aufgesagt.

Lösungen von den Magazinseiten

S. 16/17 Knobelei: Entfernung vom Kino zur Eisdiele = 280 Meter; Auf dem Schulflur: Erstklässler, Hausmeister, Mathematiklehrer, Schulsekretärin

S. 32/33 Pilz-Experten: Hiesen (Wiesen), Pelze (Pilze), ohre (ohne), bollten (sollten), gesocht (gekocht), getessen (gegessen – Lösungswort: Herbst); Scherzfrage: Herbergen; Herbstentdeckungen: Das Eichhörnchen, der Hirsch, die Lärche, die Hagebutte; Wörter: Halloweenparty, Reformationstag, Zugvögel, Erntedankfest, Blätterfall, Dunkelheit, Lenkdrachen, Spätherbst, Unwetter

S. 44/45 Ein Bandwurmwort hat sieben Wörter: Wunsch Baum Blüten Stempel Blätter Farben Druck; Es fehlt P.; 3 Fehler: Stiefschwester → Stiefmutter, die elfte Fee → die 13. Fee, tausendjähriger Schlaf → hundertjähriger Schlaf; Bastelschritte-Lösungswort: TRAUM

S. 60/61 Kuckucksei: Freundschaftsrand; Familienrätsel: 13 Kinder, die Mutter, die Schraubenmutter; Wie heißen die Freunde? LEON, MARIE, FRITZ; Geheimnachricht: Heute trifft sich die ganze Bande um 15 Uhr in der alten Ziegelei. Wir müssen unbedingt mehr über die Mopedfahrer herauskriegen. Kurt glaubt, dass sie die Einbrecher sind.; Sprüche fürs Freundschaftsbuch: dumm, treu, fällt, Leben

S. 78/79 SCH (Schuh) NE (Nest) EM (Eimer) ANN (Tanne); 1C, 2A, 3B; abgebrochene Eisschollen 3A, 2B, 4C, 5D, 1E; Eisberge sind vom Gletscher abgebrochene Eismassen, die im Meer treiben.; Eisbein: Eisbein mit Sauerkraut, Schweinebeine, aus gespaltenen Röhrenknochen, auf dem Eis; Schal D

S. 92/93 Sechs Walwörter: WALzertanz, WALpurgisnacht, WALze, VerWALtung, WALnuss, beWALdet; Doppelgänger: 2 und 4; 10-mal WAL; Welche Antwort passt? 1C, 2E, 3D, 4B, 5A; Es gibt keinen Grünwal; wichtige Walwörter: Blasloch, Walstrandung, Echolotpeilung, Harpune, Barten, Parasit, Untiefe, Blubber, Finne

S. 106/107 Berühmte Deutsche: Michael Ballack, Dirk Nowitzki, Angela Merkel, Cornelia Funke, Lukas Podolski, Sebastian Vettel, Brüder Grimm, Akrostichon: BERLIN; „Die goldene Luft": Zeilen 1, 2, 5, 3, 4, 6; Sorbische Schilder: Vetschau = Wêtešow, Trebendorf = Trjebin, Spreetal = Šprejwiny Doł, Neustadt = Nowe Mêsto; sächsische Wörter: Laatschen = Pantoffeln, Moudschegiebchn = Marienkäfer, Ränftel = Brotkanten, Bemme = Schnitte, Fliescher = Flugzeug, Rennsämmeln = Turnschuhe, Griebsch = Kerngehäuse

S. 118/119 Redewendungen: 1B, 2C, 3D, 4A; Merkwürdige Tiere: Dromedar, Gürteltier, Stachelschwein, Giraffe; Rätselhaft: Libelle; Wörter: Ross, Burg, Bänkelsänger, Ritter

S. 132/133 Falsche Aussage: 3; Vogelnamen: Specht, Meise, Spatz, Fink; Vogelrätsel: Kuckuck; Vier Insekten: Libelle, Schmetterling, Stechmücke, Wasserkäfer;

S. 148/149 Rekord: wiegt, lang, den Baum, herstellen, aneinandergereiht; Baumschatten 1E, 2D, 3A, 4B, 5C; Planeten: Erde, Uranus, Saturn, Jupiter, Merkur; Welches Wort gibt es nicht? Erdmurmel, Sonnenkruste, Mondstern; Weltquiz-Lösungswort: PLANET

S. 158/159 Quiz-Lösungswort: KLAR; Schlagzeilen: Neuartiger Grippevirus entdeckt, Vierjähriger von Dalmatiner gerettet, Graffiti-Sprayer von Polizei festgenommen; Zeitung in verschiedenen Sprachen: Polnisch = gazeta, Englisch = newspaper, Spanisch = periodico, Schwedisch = dagblad, Französisch = journal; Medienkunde: Xumu = Buch, Kivoka = Radio, Storpa = Computer; Leicht verkehrt: Die Pfefferkörner, Willi wills wissen, Löwenzahn, Schloss Einstein, Unser Sandmännchen, TRICKBOXX; Medienberufe: Repor(NACH)ter, Fernsehmodera(RICH)tor, Talk(TEN)master, Chefre(SPRE)dakteur, Journa(CHER)list

S. 176/177 Verräterische Fußspuren: 1D, 2B, 3E, 4F, 5A, 6C; Das Testament: einS, zwei, einS, Vier, sieben: Verschlüsselte Botschaft: WIR MÜSSEN HERRN GRUNDEIS FOLGEN.; Galerie: Graf Gruselig, Baronin Blutegel, Graf Grauenvoll, Gräfin Grauenvoll, Baron Borstig; Vampiriges: Fledermausleber, Froschaugen, Spinnenohren, Würmerlungen, Tarantelherz

S. 190/191 Beliebte Reiseziele: ITALIEN, SCHWEDEN, GROSSBRITANNIEN; TÜRKEI; Leon ist das zweite Kind von links.; Krabbeliges: 5 Tage, Was ist das: ein Nagel in der Wand, vier Elefanten, die auf eine Apfelsine schauen, eine Giraffe, die an einem Fenster vorbeigeht, ein Ball, der über eine Mauer fliegt; Vögel: 8, 16, 32

Inhalt nach dem Abc

Verfasser- und Quellenverzeichnis

S.16 **Anger-Schmidt, Gerda**: Neue Schulregeln (Titel geändert). Aus: Alles in Butter, liebe Mutter!, © 1998 by Dachs-Verlag GMBH

S.55 **Atabay, Cyrus**: Freundschaft. Aus: Heinz Piontek (ges.): Neue deutsche Erzählgedichte, Deutsche Verlagsanstalt, Stuttgart 1964

S.39 **Auer, Martin**: Der Träumer. Aus: Der seltsame Krieg, Beltz & Gelberg Verlag, Weinheim und Basel 2000; Programm Beltz & Gelberg, Weinheim

S.147 **Behnssen, Oliver**: Frieden. Aus: Joachim Fuhrmann (Hrsg.): Poesiekiste, hrsg. von Joachim Fuhrmann, Hamburg 1981, Rowohlt Taschenbuch Verlag GmbH

S.107 **Bendixen, Eva-Maria**: Aus einem sächsischen Wörterbuch (Titel hinzugefügt). Sächsisches Wörterbuch. Langenscheid: Lilliput Sächsisch. Berlin, München 2006

S.123 **Bingham, Caroline**: Interessante Essgewohnheiten (Titel hinzugefügt, gekürzt). Aus: Bsss. Die ganze Welt der Insekten. Dorling Kindersley, München 2008, Deutsch von Eva Sixt

S.55 **Blissenbach, Rosita**: In der Nacht. Aus: H.-J. Gelberg (Hrsg.): Großer Ozean. © 2000 Beltz Verlag, Weinheim und Basel. Programm Beltz & Gelberg, Weinheim

S.174 **Blyton, Enid**: Fünf Freunde und das Burgverlies. Aus: Fünf Freunde und das Burgverlies, © Darrell Waters Limited, London, 1960, © für die deutsche Ausgabe C. Bertelsmann Verlag GmbH, München; Deutsch von Marita Mooshammer-Lohrer

S.28 **Busley, Benedicta**, OSB: Herbst. Aus: Laurentius und Wendelin Haverkamp (Hrsg.): Der Himmel überm Aasebakken, Einhard Verlag, Aachen 1998

S.151 **Busta, Christine**: Wovon träumt der Astronaut auf der Erde? Aus: Die Zauberin Frau Zappelzeh. Gereimtes und Ungereimtes für Kinder und ihre Freunde mit Bildern von Hilde Leiter. Salzburg: Otto Müller o. J. [1979].

S.181 **Bydlinski, Georg**: Nachts beim offenen Fenster.

S.40 Vollmond. Aus: Wasserhahn und Wasserhenne. Wien: Dachs Verlag 2002

S.130 **Dieffenbach, Christian**: Der Frosch. Aus: Wenn die weißen Riesenhasen abends übern Rasen rasen, © Sanssouci Verlag, AG, Zürich 1998

S.29 **Domin, Hilde**: Es knospt. Aus: Wer es könnte. Präsenz-Verlag, © Gedichte: S. Fischer Verlag, Frankfurt am Main, 3. Auflage 2000

S.29 **Duderstadt, Matthias**: Herbst. Aus: H.-J. Gelberg (Hrsg.): Großer Ozean. © 2000 Beltz Verlag, Weinheim und Basel; Programm Beltz & Gelberg, Weinheim

S.135 **Dumas, Kristina**: Kirschblütenfest in Japan (geändert). Aus: http://www.br-online.de/kinder/fragen-verstehen/wissen/2004/00493/ vom 11.02.2010

S.122 **Dumon Tak, Bibi**: Der Bombardierkäfer.

S.127 Mit Karacho zurück in den Frühling (Titel hinzugefügt). Aus: Kuckuck, Krake, Kakerlake. Aus dem Niederländischen von Meike Blatnik. Berlin Verlag GmbH, Berlin 2009

S.65 **Eckert, Nadine**: Streitschlichter: Helfen statt wegschauen. Aus: www.geo.de/geolino (04.02.2010)

S.25 **Eichendorff, Joseph Freiherr von**: Es ist nun der Herbst gekommen. Aus: W. Rasch (Hrsg.): Eichendorff Werke, Hanser Verlag, München 1966

S.71 Weihnachten. Aus: Werke in vier Bänden, Band 1, Hanser Verlag, München, Wien 1959

S.46 **Ende, Michael**: Der satanarchäolügenialkohöllische Wunschpunsch (Ausschnitt). Thienemann Verlag, Stuttgart 1989

S.71 **Erhardt, Heinz**: Ein Weihnachtslied. Aus: Das große Heinz-Erhardt-Buch, © 1970 Fackelträger Verlag GmbH, Oldenburg

S.16 **Erichson, Christa**: Knobelei (Titel geändert). Aus: Von Null bis Zett. Mathematik nachschlagen, Lernbuchverlag, Donauwörth 2008

S.54 **Fischbach, Wolfgang**: Liebe. Aus: H.-J. Gelberg (Hrsg.): Überall und neben dir, © 1986, 1989 Beltz Verlag, Weinheim und Basel; Programm Beltz & Gelberg, Weinheim

S.95 **Flessner; Marisnne u. Bernd**: Käpt'n Blaubärs Walgeschichten. Aus: Käpt'n Blaubärs Quiz- und Lügenbuch, Band 2008, © 1993 Ravensburger Buchverlag, Texte © 1993 Ravensburger® FFP, RTV/WDR

S.21 **Geisler, Dagmar**: Wanda und der Neue (Titel geändert, gekürzt): Aus: Wandas geheime Notizen. Deutscher Taschenbuchverlag, München, 2. Auflage 2003

S.66 **Gernhardt, Robert**: Gesetzt den Fall. Aus: Mit dir sind wir vier. Insel Verlag, Frankfurt am Main 1983

S.130 **Goethe, Johann Wolfgang**: Die Frösche. Aus: Werke. Hamburger Ausgabe in 14 Bänden, Bd. 1: Gedichte und Epen I. Textkrit. durchges. u. komment. von Erich Trunz, 12., neubearbeitete Aufl., München: Beck, 1981

S.30 Gefunden. Aus: Christian Wegener (Hrsg.): Goethes Werke, Hamburg 1962

S.80 Mit Zobel verbrämt. Aus: Dichtung und Wahrheit, hg. von Klaus-Detlef Müller, Frankfurt am Main 1986

S.51 **Grosche, Erwin**: Das Fremde (gekürzt). Aus: H.-J. Gelberg (Hrsg.): Oder die Entdeckung der Welt, © 1997 Beltz Verlag, Weinheim und Basel, Programm Beltz & Gelberg, Weinheim

S.62 **Guggenmos, Josef**: Der Kürbis und der Apfelkern. Aus: Schönfeldt, Sybil Gräfin: Das große Fabelbuch für Kinder, © 1997 by Annette Betz Verlag im Verlag Carl Ueberreuter, Wien, München

S.67 Ein Schneekristall. Aus: H.-J. Gelberg (Hrsg.): Überall und neben dir © 1986, 1989 Beltz Verlag, Weinheim und Basel; Programm Beltz & Gelberg, Weinheim

S.149 Runde Sachen.

S.81 Schnee im Dorf.

S.41 So ein Tag. Aus: Oh, Verzeihung, sagte die Ameise; Beltz &Gelberg Verlag, Weinheim und Basel 1990, Programm Beltz & Gelberg, Weinheim

S.55 Wegwarte. Aus: H.-J. Gelberg (Hrsg.): Überall und neben dir, © 1986, 1989 Beltz Verlag, Weinheim und Basel; Programm Beltz & Gelberg, Weinheim

S.16 **Gundelach, Reinhard**: Moine lioben losondon Kindor! Aus: Alberts bunte Bilderbude, Bd. 2, © Der Kinderbuchverlag Berlin 1989

S.117 **Hacks, Peter**: Ballade vom schweren Leben des Ritters Kauz vom Rabensee. Aus: P.H.: Das Windloch, Bertelsmann, Gütersloh, 1956 © 1956 C. Bertelsmann Verlag, GmbH München

S.94 Der Walfisch. Aus: Der Flohmarkt, Benziger Verlag, Zürich, Köln 1973

S.137 Hebbel, Friedrich: Der Schmetterling (gekürzt). Aus: Friedrich Hebbel: Sämtliche Werke. 1. Abteilung: Werke, Berlin [1911 ff], S. 196-198

S.113 **Hebel, Johann Peter**: Seltsamer Spazierritt. Aus: Wilhelm Zentner (Hrsg.): Aus dem Schatzkästlein des rheinischen Hausfreundes © 1950 Philipp Reclam jun. GmbH & Co., Stuttgart

S.59 **Hein Christoph**: Freunde. Aus: Abmeier, Armin (Hrsg.): Lebens-Mittel. Was Kinder brauchen. Edition Büchergilde. Frankfurt am Main 2003 © bei den Autoren

S.17 **Herold, Gottfried**: Kleiner Unsinn. Aus: Mein Dackel heißt Emil. © 2000 Middelhauve Verlag GmbH, München

S.146 **Herzog, Annette; Clante, Katrine**: Krieg (Titel geändert, gekürzt). Aus: Flieger am Himmel. Hammer Verlag, Wuppertal 2005

S.136 **Hesse, Hermann**: Blauer Schmetterling. Aus: Gesammelte Werke, Bd. 1: Stufen – Die späten Gedichte, Frühe Prosa – Peter Camenzind, Frankfurt am Main, Suhrkamp 1970

S.186 **Holz, Arno**: Sommertage. Aus: Wolf Dietrich Rasch (Hrsg.): Epochen deutscher Dichtung, Verlag Ferdinand Schöningh, Paderborn 1967

S.137 Janisch, Heinz: Schmetterlinge: Aus: Heute will ich langsam sein. Jungbrunnen Verlag, Wien 2005

S.48 **Janosch**: Der süße Brei. Aus: Janosch erzählt Grimms Märchen, Beltz & Gelberg Verlag, Weinheim und Basel; 1972, Programm Beltz & Gelberg, Weinheim

S.128 **Kahlau, Heinz**: Veilchen. Aus: Der Rittersporn blüht blau im Korn, Der Kinderbuchverlag, Berlin 1972

S.70 Kaléko, Mascha: Advent.

S.125 Der Frühling.

S.41 Der Mann im Mond. Aus: Die paar leuchtenden Jahre © 2003 Deutscher Taschenbuch Verlag, München

S.169 **Kästner, Erich**: Als ich ein kleiner Junge war/Wer lesen kann (Ausschnitte, gekürzt). Cecilie Dressler Verlag, Hamburg, © Atrium Verlag, Zürich 1957

S.30 Die Bäume. Aus: Ulrike Nikel (Hrsg.): O schöner, grüner Wald, Heyne Verlag, München 1985

S.170 Emil und die Detektive (Ausschnitt). Aus: Emil und die Detektive, © Atrium Verlag, Zürich

S.172 So ein Theater (Titel hinzugefügt). Nach: Emil und die Detektive, © Atrium Verlag, Zürich

S.18 Herrn Bremser geht ein Licht auf (Ausschnitt). Aus Pünktchen und Anton, © Atrium Verlag, Zürich

S.176 **Kersten, Detlef**: Kommissar Kniepels 62. Fall: Das Testament (gekürzt). Aus: Kommissar Kniepel, © 1998 ars Edition München

S. 102 Nach **Ketzer, Hans Jürgen**: Das Pagenbett auf dem Königstein. Aus: Sagen und Bilder aus dem Dresdner und Meissner Land, Tauchaer Verlag 1999

S. 72 Klein, Martin: Alle Jahre Widder (Ausschnitt, gekürzt) Carlsen Verlag, Hamburg, 2. Auflage 2006

S.187 **Kruse, Max**: Abendlicht. Aus: Ute Andresen (Hrsg.): Im Mondlicht wächst das Gras, Otto Maier Ravensburg, 1991

S.63 **Krylow, Iwan**: Der alte Löwe. Aus: René Rilz (Hrsg.): Mein erstes Fabelbuch. © 1980 Stalling Verlag GmbH Oldenburg-Hamburg München, Berlin, DDR 1984

S.63 Der Schwan, der Hecht und der Krebs. Aus: Fabeln Bilder, Kinder-Kunstbuch © Der Kinderbuchverlag

S.97 **Kunze, Reiner**: Rätsel aus Deutschland. Aus: Wohin der Schlaf sich schlafen legt, Gedichte für Kinder, S. Fischer 1991, Frankfurt am Main

S.131 **Künzler-Behncke, Rosemarie**: Kaulquappen. Aus: Hans-Joachim Gelberg (Hrsg.): Oder die Entdeckung der Welt. Beltz & Gelberg 1997

S.52 Landesinstitut für Schule und Medien Berlin (Hrsg.): Praxisbox Lesen. Schroedel 2005

S.27 **de La Fontaine, Jean**: Herbstwind und Sonne. Aus: Rosemarie Wildermuth (Hrsg.): Der Sonnenbogen; München: Ellermann 1976; Deutsch von Maria Aebersold

S.62 **Lengren, Zbigniew**: Grau und rot. Aus: Schwarze, weiße und gestreifte Kinder. Der Kinderbuchverlag Berlin, 1959, Deutsch von James Krüss

S.37 **Lindemann, Werner**: Sitze am Fenster … .© Gita Lindemann

S.36 **Lucht, Irmgard**: Bunte Blätterwelt (gekürzt, geändert). Aus: Die Baumuhr, Ellermann Verlag, Hamburg 1978

S.12 **McNaughton, Collin**: Käpt'n Abduls Piratenschule (Ausschnitt). Aus: Käpt'n Abduls Piratenschule, C. Bertelsmann GmbH, München 1994, Deutsch von Johanna Nilsson

S.31 **Morgenstern, Christian**: Die zwei Wurzeln. Aus: M. Morgenstern (Hrsg.): Alle Galgenlieder, Verlag Bruno Cassirer, Berlin 1932

S.108 Fisches Nachtgesang. Aus: Gesammelte Werke. R. Piper & Co, München

S.167 Gruselett. Aus: Alle Galgenlieder, Frankfurt am Main, Insel-Verlag 1976

S.129 **Mörike, Eduard**: Er ist 's. Aus: Gedichte. Ausw. und Nachw. von Bernhard Zeller, Stuttgart, Reclam, 1977

S.139 **Neruda, Pablo**: Weißt du … .Aus: Die Erde ist mein Haus, © 1988 Beltz Verlag, Weinheim und Basel, Programm Beltz & Gelberg, Weinheim

S.64 **Nöstlinger, Christine**: Pauls geheimes Tagebuch. Susis geheimes Tagebuch. Aus: Susis (Pauls) geheimes Tagebuch, Deutscher Taschenbuchverlag, Frankfurt am Main 1993

S.134 **Overbeck, Christian Adolf**: Komm, lieber Mai . . Aus: Mein Liederkästchen, © Volk und Wissen Verlag GmbH, Berlin 1992

S.116 **Pausewang, Gudrun**: Vom Ritter, der nicht aus seiner Rüstung herauswollte (geändert, gekürzt). Aus: Die Prinzessin springt ins Heu, © 1982 Anrich Verlsg, Weinheim

S.183 **Pludra, Benno**: Die Reise nach Sundevit (Ausschnitt, gekürzt). Der Kinderbuchverlag, Berlin, 2. veränderte Auflage 2004

S.70 **Rilke, Rainer Maria**: Advent. Aus: Rilke-Archiv in Verbindung mit Ruth Sieber-Rilke (Hrsg.): Sämtliche Werke, Band I, Insel-Verlag, Frankfurt am Main, 1955

S.94 **Ringelnatz, Joachim**: Übergewicht. Aus: War einmal ein Bumerang, © Altberliner Verlag, Berlin 1986

S.144 **Scheub, Ute**: Von Langnasen und Stupsnasen. Aus: Der Tagesspiegel, 10. 02. 2000, © Ute Scheub

S.160 **Schlüter, Andreas**: Das Spiel beginnt (Titel hinzugefügt, gekürzt). Aus: Level 4 – Die Stadt der Kinder. Deutscher Taschenbuchverlag, München 2008

S.53 **Schneider, Maggie**: Oma und Opa Meume (Titel hinzugefügt). Aus: Opa Meume und ich. Tulipan Verlag, Berlin 2008

S.14 **Schnippenkoetter, Beatrice**: Schulnachrichten aus aller Welt (gekürzt, geändert).

S.42 Träume – von einer besseren Zukunft (Überschrift hinzugefügt, gekürzt). 7 Fragen an Paulino (11 Jahre) aus Contuboel in Guinea Bissau. Aus: Ich wäre gern ein Huhn. Was Kinder aus aller Welt erleben und sich erträumen: Campus Verlag, Frankfurt am Main 2006

S.88 **Scholes, Katherine**: Sams Wal (Ausschnitt). Aus: Sams Wal. Aus dem Englischen von Herbert Günther. Ravensburger Buchverlag, Otto Maier GmbH. © 1990, by Katherine Scholes

S.62 **Schopenhauer, Arthur**: Die Stachelschweine. Aus: Schönfeldt, Sybil Gräfin: Das große Fabelbuch für Kinder, © 1997 by Annette Betz Verlag im Verlag Carl Ueberreuter, Wien, München

S.136 **Schreiber-Wicke, Edith**: Der Zitronenfalter. Aus: Im Pfirsich wohnt der Pfirsichkern, © 1994 Verlag St. Gabriel, Mödling-Wien

S.143 **Shyam, Bhajju**; **Bai, Durga**; **Urveti, Ram Singh**: Der leuchtende Sembar (Titel hinzugefügt). Aus: Das Geheimnis der Bäume. NordSüd Verlag, Zürich 2008, Deutsch von Eveline Masilamani-Meyer

S.179 **Sonnleitner, Marco**: die drei ??? – Stadt der Vampire (Ausschnitt, gekürzt). Kosmos, Stuttgart 2008

S.83 **Spohn, Jürgen**: Der Fisch. Aus: Der Spielbaum, Sigbert Mohn Verlag, Gütersloh 1969

S.54 Ich. Aus: Drunter und Drüber, Omnibus Verlag, München 1980

S.70 **Steinwart, Anne**: Es weihnachtet sehr. © Anne Steinwart

S.166 **v. Stemm, Antje**: Zeitungsschlappen-Bastelei (geändert). Aus: http://blog.zeit.de/kinderzeit/2009/12/29/party-mit-der-zeit_4041

S.29 **Strittmatter, Erwin**: Knospen.

S.128 Veilchen. Aus: Schulzenhofer Kramkalender, Aufbau-Verlag, Berlin und Weimar, 1966

S.54 **Strittmatter, Eva**: Rätsel. Aus: H.-J. Gelberg (Hrsg.): Überall und neben dir, © 1986, 1989 Beltz Verlag, Weinheim und Basel; Programm Beltz & Gelberg, Weinheim

S.120 **Tan, Shaun**: Sog (gekürzt). Aus. Geschichten aus der Vorstadt des Universums. Carlsen Verlag, Hamburg 2008, Deutsch von Eike Schönfeld

S.31 **Tieck, Ludwig**: Waldeinsamkeit. Aus: Ulrike Nikel (Hrsg.): O schöner, grüner Wald, Heyne Verlag, München 1985

S.34 **Tolstoi, Leo**: Die Schwäne. Aus: Gesammelte Erzählungen. Diogenes 2006

S.118 **Vaginsky, Igor**: Kopfstandbild. Aus: Welch ein Frelch! Kopfstandbilder für kleinere und größere Menschen. Edel Verlag, Hamburg, 2009

S.130 **Vahle, Fredrik**: Plopp. Aus: Der Himmel fiel aus allen Wolken. Beltz & Gelberg 1994

S.56 **von der Grün, Max**: Die Vorstadtkrokodile – Kurt kommt mit (Ausschnitt, Überschrift hinzugefügt). Aus: Vorstadtkrokodile, Omnibus, München 2006

S.22 **Waalkes, Otto**: Das zweite Buch OTTO. Heyne Taschenbuchverlag, München 1984

S.9 **Wendt, Irmela**: Lernen ist wie ... (Auszug). Aus: Wolfgang Wagerer (Hrsg.): Gemeinsam sind wir unausstehlich, © Verlag Herder, Wien, 1993

S.61 **Wittkamp, Frantz**: Ausrufezeichen. Herz daneben. Aus: Frantz Wittkamp: Mein großes Glück bist du. Coppenrath Verlag, Münster 2009

S.153 In der Zeitung. Aus: Alle Tage, immer wieder. Kalenderbuch mit Versen von Frantz Wittkamp. Beltz Verlag, Weinheim und Basel, 1990

S.69 **Wolf, Friedrich**: Die Weihnachtsgans Auguste (Auszug, gekürzt). Aufbau-Verlag, Berlin, 9. Auflage 2008

S.142 **Yameogo, Steven**: Der Baobab. Aus: Jako-o: Kinder-Geschichten ... aus Deutschland und Afrika. Jako-o 2007

S.13 Eine Kiste voll Hoffnung (geändert, gekürzt). Nach http://www.unicef.de/schule_in_der_kiste.html

S.32 Taschenlampenspuk für schaurige Novemberabende (geändert, gekürzt). Aus: Bartl, Almut: 100 Spiele gegen Langeweile, Tessloff Verlag, Nürnberg 2007

S.32 Türkischer Schnellsprechspruch (Titel hinzugefügt). Aus: Husler Vogt, Silvia: Tres tristes tigres ... Drei traurige Tiger. Lambertus Verlag, Freiburg im Breisgau 1987, 6. korr. Auflage 2007

S.82 Gedichte für ein Jahr – Haiku zum Verschenken. Aus: Jan Ulenbrook (ausgew. u. übers.), Haiku, © 1998 Philipp Reclam jun. GmbH & Co.

S.85 Der Fischer und der Wal. Aus: Jan Suchl (Hrsg.): Eskimomärchen. © ARTIA Verlag, Praha 1984, Deutsch von Ingrid Kondrková

S.86 Riesen im Ozean. Nach: Das große Tierbuch der Rekorde, Annette Tison&Talus Taylor, 1984, Delphin Verlag. Nach: Von innen: Der Wal und andere Tiere, Steve Parker, Union-Verlag 1992 Fehbuch, Deutsch von Marcus Würmli

S.91 Walstrandung. Aus: www.tagesspiegelkinder.de/archiv; http://www.spiegel.de/wissenschaft/natur/0,1518,615809,00.html; http://de.wikipedia.org/wiki/Walstrandung

S.102 Die Sage von der Rosstrappe. Aus: http://www.sos-halberstadt.bildung-lsa.de/sagen/pdf/DieSagevonderRosstrappe.pdf

S.103 Der Rattenfänger von Hameln. Nach: Die Kinder von Hameln. Aus: Ludwig Bechstein, Deutsche Sagen, © Buchverlag Der Morgen, Berlin 1987

S.103 Wie der Spreewald entstand. Nach: Karl-Heinz Klaue: Spreewald, © VEB F. A. Brockhaus Verlag Leipzig, DDR, 1987

S.106 »Die goldene Luft« zu Mainz. Aus: Rainer Schlund (Hrsg.): Sagen aus Rheinland-Pfalz, Eugen Diederich Verlag, München 1983

S.114 Wie Eulenspiegel in Braunschweig Eulen und Meerkatzen buk. Aus: Till Eulenspiegel, ausgew. u. bearb. von Erich Sielaff, Der Kinderbuchverlag Berlin 1975

S.128 Gestatten: Veilchen (gekürzt). Aus Manfred Mistkäfer. Mitmachmagazin.

S.137 Der stolze Schmetterling. Aus: http://www.hekaya.de/txt.hx/der-stolze-schmetterling-fabel-fabeln_afrika_6

S.141 Wassertropfen. aus: Typisch! Kleine Geschichten für andere Zeiten. Verein Andere Zeiten, Hamburg 2005

S.148 Rekord – welches Word passt (Titel hinzugefügt)? Aus: Geolino 4/2001. Verlag Gruner + Jahr, AG & Co. GmbH, Hamburg

S.156, 157 Die Untergrundorganisation/Denken sich Journalisten ihre Meldungen manchmal selber aus (geändert)? Aus: Das Wunderpapier. Die besten Zeitungsgeschichten von Berliner Schülern aus dem Erzählwettbewerb des Tagesspiegels. Hrsg. in Zusammenarbeit mit der Senatsverwaltung für Bildung, Wissenschaft und Forschung. © Verlag Der Tagesspiegel GmbH, Berlin 2009

S.161 Hilfe, mein Kind ist computersüchtig! Aus: http://www.bz-berlin.de/ratgeber/hilfe-mein-kind-ist-computersuechtig-article546164.html vom 11.08.2009

S.162 Ein Blick in Geolino. Aus: Geolino Heft 2/Februar 2010

S.169 Screenshots von www.stuttgart.de/chillas

S.180 Alles für die Gruselparty. Nach: Sylvie Gillet: Wenn Monster feiern, © Fleurus Verlag GmbH, Saarbrücken 2000

Bildquellen

7 © Niki de Saint-Phalle; 13 UNICEF Deutschland, Köln; 14/15 Alamy, Bristol (Schuluniform; Junge-Last); All mauritius images/John Warburton-Lee (China); Susanne Rupp, Berlin (Schulweg Afrika); © SOS Kinderdörfer (Südamerika); Allianz-Mission e. V./D. & J. Eymann, Dietzelhölz (Japan); 18–20 Isabel Kreitz: Pünktchen und Anton. Cecile Dressler Verlag, Hamburg 2009; 21 Dagmar Geisler: Wandas geheime Notizen. Deutscher Taschenbuch Verlag, München, 2. Auflage 2003; 22 Cinetext (Otto); 36 Marc Pouyet: Ideenbuch Landart. AT Verlag, Baden und München 2008; 25, 67, 125 Mit freundlicher Genehmigung: Andy Goldsworthy; 30 Marion Gutzmann, Neu-Reichenwalde; 37, 52, 58, 80, 99, 101 (Wartburg), 108 (Ulm), 122, 134, 142, 187 Cornelsen Verlagsarchiv; 42 © Shuter and Shooter Photography/African Media Online; 47 Michael Ende: Der satanarchäolügenialkohöllische Wunschpunsch. DAV 2009; 51 GEO/Gruner+Jahr, Hamburg; 53 Maggie Schneider: Opa Meume und ich. Tulipan Verlag, Berlin 2008; 64 Christine Nöstlinger: Pauls/Susis geheimes Tagebuch. Deutscher Taschenbuch Verlag, Frankfurt a. M. 1993; 65 Brigitte Umkehr, Kürnach; 69 Friedrich Wolf: Die Weihnachtsgans Auguste. Aufbau-Verlag, Berlin 2008; 75 Martin Klein: Alle Jahre Widder Hörcompany 2003; 76/77 Fotolia.com/Horst Schmidt (Weihnachten); Corbis (Chanukka, Divali); Paul Glaser, Berlin (Zuckerfest); 80 Goethes Leben in Bilddokumenten, © by C. H. Beck' sche Verlagsbuchhandlung, München; 81 Quint Buchholz, Der Sammler der Augenblicke.(c) 1997 Carl Hanser Verlag München; 83 Scholz, Dortmund/Wal-Taucher; 86/87 mauritius images/Nakamura; 89/90 © Ravensburger Buchverlag/Quint Buchholz 96 Corbis (Orca); picture-alliance/BA Huber/Newmans (Wale beobachten); 97 picture-alliance/dpa/ZB/Pleul (Luft-Felder); 100 picture-alliance/dpa/Christian Hager (Koog); Fotolia.com/Phil Daub (Köln); lassedesign (Bremen), NASA (Hiddensee); 104 Presse- und Informationsamt der Bundesregierung (Reichstag); Paul Glaser, Berlin (Karneval); Peter Hartmann, Potsdam (Fernsehturm); picture-alliance/ZB/Hubertus Link (Müggelsee); 105 panoramico (Kiesgrube); 108 picture-alliance/dpa/Udo Bernhardt (Zugspitze; Frankfurter Flughafen AG/Pressebild; Kirchengemeinde Elbingerode; 109 Hamburger Hafen- und Lagerwirtschaft AG/Pressebild; picture-alliance/dpa/ZB/Link (Trappe); picture-alliance/dpa/ Martin Schutt (Rennsteig); 111 Juniors Bildarchiv; 114 akg-images; 118 Igor Vaginsky: Welch ein Frelch. edelkids, Hamburg 2009; 120/121 Shaun Tan: Geschichten aus der Vorstadt des Universums. Carlsen Verlag, Hamburg 2008; 122 wikipedia/CC-by-sa-2.5/Patrick Coin, wikipedia/CC/Peter Halasz; Bibi Dumon Tak: Kuckuck, Krake, Kakerlake. Berlin Verlag 2009; 123 picture-allaince/NHPA/photoshot/Kevin Schafer (Maden-Teller);Caroline Bingham: Bsss. Die ganze Welt der Insekten. Dorling Kindersley, München 2008; 127 Wikipedia/GNU/Pawel Kuznier (Mauersegler); 132 fotocommunity/Dieter Poppe (Kuckuck); 134 Gemälde von Barbara Kraft (1764–1825)/akg-images, Berlin; 135 Fotolia.com/Pamela Vyttendaele; Paylessimage; 139151 NASA/JPL./Gov. /Apollo-Mission (Satelliten, Mond-Erde); 142 Cornelsen Verlagsarchiv; 143 Shyam, Bhajju; Bai, Durga; Urveti, Ram Singh: Das Geheimnis der Bäume. NordSüd Verlag, Zürich 2008; 144 Aus: Kinder der Welt, ©1995 by Dorling Kindersley Limited, London; 146 Annette Herzog; Katrine Clante: Flieger am Himmel. Hammer Verlag, Wuppertal 2009; 147 © Succession Picasso/VG Bild-Kunst, Bonn 2010/akg-images; 151 NASA/JPL/Gov./Hubble Mission; 153 Fotolia.com/Kati Molin; 161 Andreas Schlüter: Level 4 – Die Stadt der Kinder. Deutscher Taschenbuchverlag, München 2008; 167 Fotolia.com/Mark Rasmussen; 169 Verlagsgruppe Oetinger, Hamburg; 170/171 Bankszene. Aus: Emil und die Detektive. BRD 1954, Billy Wilder nach dem Roman von Erich Kästner, Regie: R. A. Stemmle, BMG Video, allas; Emil und die Detektive, © Atrium Verlag, Zürich; 174 Astrofoto Bildagentur GmbH, Sörth; 175 Wikipedia/CC/Library of Congress Washington D. C. und die Verlage: Bassermann, Bertelsmann, dtv, Klopp; 179 Marco Sonnleitner: die drei ??? – Stadt der Vampire. Europa (Sony Music) 2010; 181 CARO Bildagentur, Berlin; 183-185 Hans Baltzer (Illustration): Die Reise nach Sundevit. Der Kinderbuchverlag, Berlin 2009; 188/189 (Mond), picture-alliance/dpaweb/Führer (Sternschnuppe), (Planeten), Astrofoto Bildagentur GmbH, Sörth (Sternbilder)